平和構築の原動力
としての宗教

アジアの社会政治背景を中心に

アジア宗教平和学会 編

北島義信

李賛洙

孫瑞廷

寺林脩

車承柱

梁権錫

尾畑文正

安信

社会評論社

目次

序文　日韓共同の『平和構築の原動力としての宗教』発刊にあたって 3

第一部　平和の理論

第1章　平和が宗教だ
宗教が平和的な力の源であるための論理的な模索　　　李贊洙 13

第2章　「生を生かす」平和
カトリックと平和学的考察を通じた平和の概念探索　　孫瑞廷 29

第3章　世俗化論の意義　　　　　　　　　　　　　　寺林脩 49

第4章　宗教の平和思想が韓半島の
平和教育に与える含意　　　　　　　　　　　車承柱 67

第二部　平和構築の現場

第5章　ファシズム政治と宗教　　　　　　　　　　　梁権錫 83

第6章　水俣病運動における平和共生思想とその実践
「本願の会」の活動を中心に　　　　　　　　北島義信 105

第7章　平和構築を宗教から考える
真宗僧侶・高木顕明を通して　　　　　　　　尾畑文正 125

第8章　済州島四・三事件と平和
安信 145

あとがき　宗教と平和の相互循環のために 167

序文

日韓共同の『平和構築の原動力としての宗教』
発刊にあたって

1．アジア宗教平和学会創設の背景

　東アジア地域では、近年、軍事的・政治的対立が深刻化しています。
日本では、2022年12月に閣議決定された「安全保障三文書」では、日
本が攻撃されていなくても、敵基地攻撃能力を使ってアメリカと一緒に
相手国攻撃は可能であることが明記されています。この内容実現に要す
る防衛費は5年間で43兆円となり、その結果、日本は世界第三位の軍
事大国になってしまいます。この方向は完全に日本国憲法第9条に違反
するばかりか、戦争に対して戦争で応えていては、双方に止むことなき
「憎しみ・憎悪」の連鎖を生み出すだけです。

　また21世紀に入ってからは、「不平等の両極化」が生み出す「格差社
会」、「現代化された貧困」は日本や韓国においても深まってきました。
このような社会に対する人々の怒りは、日本では国家権力・マスコミの
誘導によって、「民族主義的排外主義」へと誘導され、結果的には東ア
ジアの軍事的・政治的対立を高める役割に利用されています。また、ウ
クライナとロシアの戦争や、イスラエル・ガザ紛争などにより、数多く
の人々の尊い命が奪われています。

　このような時代こそ、人々が「国境」を超えて対話を継続することに

よって、下から、内から平和構築の理論をつくりあげることが必要だと思われます。その場合、相互関係性・外部性としての他者弱者優先を基軸とする宗教は、非常に現実的で重要な役割を果たすことができます。なぜなら、「戦争」「格差社会」の根源には二項対立的な「自己中心主義」が存在しており、宗教はその「自己中心主義」の愚かさにめざめさせ、「自己中心主義」を平和構築への希望と意欲へと転じることができるからです。われわれは、1994 年に「アパルトヘイト体制」を非暴力によって全廃させた南アフリカに、その具体例を見ることができます。それは、相互関係性を基軸とする土着の「ウブントゥ」思想に媒介されたキリスト教による非暴力運動によって、可能となったのです。

　私たちは、宗教に内在する、世俗国家の絶対化を否定し国家を相対化する視点、国家の枠組みを超えた多様な人々の対話による人間的相互理解の深化と連帯、赦しと和解、他者優先・共生等をアジア地域において共同で検討し、非暴力による平和構築の実現に貢献するために、数年間にわたって学術交流を深めてきました。この成果を基礎にして、2020年 1 月に「平和構築と宗教」を統一テーマとしたアジア宗教平和学会の設立準備大会を開催いたしました。日韓の研究者・市民 20 名が参加した、この準備大会では、研究発表と討論を通じて、宗教は平和構築において最も重要な役割を演じることが合意され、また究極の目的としての、疑問の余地なき平和を追求しつつも、戦争と暴力の状況を「減暴力的」な相対的平和へと転じる一連の過程として捉えて、平和構築を考えることの理解も深まりました。これらの成果を基礎にして、2023 年 10月に日本、韓国、アフリカの研究者・市民 30 人近くが集まり、「宗教における何が平和をつくるのか」を基調とした学術大会が四日市市の真宗高田派正泉寺において開催され、これらの成果を基礎にして、「アジア宗教平和学会」が創設されました。

　学会設立後、日本支部においては、今年 3 月 14 日に学術会議を開催し、中央大学総合政策学部の櫻井秀子教授をお招きして、イスラエルのガザ攻撃についての講演をしていただき、深い討論がなされました。こ

の講演内容は、韓国支部が今年4月26日に開催された共同学術会議の
テーマ「敵の系譜学」とも繋がるものです。これらの会議には、日本で
も韓国でも、会員以外の市民の参加もあり、少しずつ、私たちの活動の
広がりもみられるようになっています。

2．日本語版論集の発刊

　日韓の宗教者・宗教研究者による学術大会の成果の単行本化は、2022
年の『宗教によって平和をつくること』（図書出版モシヌンサラムドゥル
社）の発刊から始まります。ここには、アジア宗教平和学会準備大会の
発表・討論に基づく日韓の宗教者・研究者の論文を中心に、関連した諸
論文が韓国語で掲載されています。今回発刊の論文集は、アジア宗教平
和学会創設学術大会（2023年）における発表・討論を踏まえて執筆され
たものでありますが、日本語版と韓国語版が日韓それぞれの国で同時に
出版されたのは、初めてのことです。その日本語版として出版されたの
が、論集『宗教における平和構築の原動力』です。書籍のタイトルは、
日韓二国で少し異なっていますが、それは両国において人々が置かれて
いる社会的文化的状況が必ずしも同じではないことを反映したものであ
ります。内容において、相違はありません。

　本書は、第一部・平和の理論、第二部・平和構築の現場の二部構成に
なっています。第一部では、自己中心主義には根源としての暴力が存在
し、その克服のためには、宗教に内在する愛、慈悲、献身、畏敬、喜び
等の価値に基づいて、個体と全体性の統一的把握、弱者優先、自己の問
い直しが必要であり、「自他相互融通」の過程としての活動こそが「暴
力を減ずる行為」としての宗教であると李贊洙先生は主張しています。
孫瑞廷先生は、平和における「生命・正義・愛」の相互調和関係の重要
性を説得的に述べ、平和の持続のためには「悩み苦しみ葛藤する中でで
も互いを尊重し、調整し、最善を尽くす正義の実現」の過程、「生を生
かす過程」が必要であり、それによってこそ、平和の達成ができると主

5

張しています。寺林脩氏は、宗教そのものを「絶対化」せず、宗教を社会・政治の中で客観的に捉え、今日の宗教社会学の理論の総括に基づいて、「制度や組織の宗教ではなく、個々人の信仰心による宗教、つまり、宗教の本来の姿を取り戻すことこそ、宗教が世界に貢献できる」と主張し、「危機意識」は、今後の宗教の可能性としての「希望」であると捉えています。車承柱先生は、フィリピン、韓国における異なった宗教間の対話運動の事例を挙げつつ、平和教育の目標は「正義と愛」であり、その核心内容は「許しと和解」であり、その方法として「対話と連帯」を強調しています。これらの視点は、すべての宗教に通底しているといえます。

　第二部の梁権錫先生の論文は、一部と二部を繋ぐ役割を果たしています。梁権錫先生は、論文において、ファシズム政治と宗教の関係を構造的に明らかにし、「資本と宗教のファシズム的結合は、情動的な性向の共振」であり、「一方には武力を利用してでも経済的貪欲と特権を維持しようとする資本の欲望があり、もう一方には道徳的根本主義と不信者に対する裁きという宗教的欲望が位置している」と論じています。このような構造を平和へと転換するためには、「今まで、怒りと敵意の連帯を作るのに寄与した信条と伝統と慣習、そして神学と霊性をより徹底的に反省することが必ず必要である」こと、また「正義と平和の新しい秩序」を誕生させるためには、「共に産苦を味わうこと」こそが「真に生きる道であり、真に平和を回復する道である」と述べています。この論文に続く、三つの論文はいずれも、具体的現場における平和構築の取り組みを述べたものです。尾畑文正氏の「平和構築を宗教から考える」は、国家が捏造した「大逆事件」によって弾圧を受けた真宗大谷派の僧侶・高木顕明を通して、現在につながる平和構築の課題を説得的に明らかにしたものです。拙稿「水俣病運動における平和共生思想とその実践」は、水俣病運動における「本願の会」の活動を通じて、その宗教的核心思想が「敵対者」との連帯を可能ならしめたことを明らかにしたものです。安信先生の「済州島四・三事件と平和」は、済州島民が経験

した非人間的な体験を平和実現へと転じていくためには、「弱者に向けた社会責任を持った宗教の活動可能性」の存在を指摘し、「隣人の宗教を『他者』や『異端』に追い込むより、理解と対話を通じた共存と共生の社会を作ろうとする」努力の必要性を強調しています。

全体として、収録された諸論文は、多面的角度から「宗教における何が平和をつくるのか」という課題に応えたものであるといえます。各論については、李贊洙先生が〈あとがき〉で、より総括的に述べておられるので、ぜひ参照して下さい。

3．今後の展望

日本は、19世紀中期の「明治維新」(1868年)以降、植民地主義と不可分の「欧米型」近代化の道を歩み、韓国をはじめアジア地域を侵略してきました。日本の宗教は、近代天皇制支配のもとで屈服し、アジア侵略に積極的に加担してきました。他方、朝鮮半島では、東学農民戦争以来、宗教は民衆の非暴力抵抗運動のイデオロギーの役割を果たし、「3・1独立運動」(1919年)をへて、その伝統は今日の民主化運動にも受け継がれています。

日本の宗教において多数派を占めているのは仏教ですが、仏教には民衆の側に立って社会政治的課題に向き合うという視点が弱いといえます。もちろん、戦前に、非戦の立場を貫いた優れた宗教者もいましたが、教団レベルでは民衆宗教「ほんみち」「大本教」以外は、そうではありませんでした。宗教教団による戦争加担への罪の告白・懺悔については、いち早く1967年に日本基督教団の「第二次世界大戦下における日本基督教団の責任について」の表明がなされています。1969年の靖国神社国家護持法案に対しては、仏教、キリスト教、新宗教は、宗教・宗派の違いを超えて初めて一体となり、野党勢力、労働組合、市民運動とも連帯して、この法案を1975年には廃案に追い込みました。また、戦争加担への罪の告白・懺悔については、仏教教団は日本基督教団よ

りも遅く、真宗大谷派戦争責任告白「全戦没者追弔法会にあたって」（1987年）が真宗大谷派宗務総長によって出され、浄土真宗本願寺派では、「わが宗門の平和への強い願いを全国、全世界に徹底しようとする決議」（1991年）が本願寺宗会でなされています。1992年には、アジア侵略に加担したことを明確化した曹洞宗の「懺謝文」がだされています。

　わたしたちは、韓国における宗教による非暴力共生平和をめざす歴史的な取り組みを、相互対話を通じて深く学ぶ必要があります。そのことの集積によって、日本における宗教を通した平和実現運動を活性化することに貢献できると思います。旅行、音楽、映画、グルメ等を通した相互理解は日韓市民に広まっています。さらに必要なのは、思想レベルの相互理解だと思われます。今後は、日韓の市民レベルの相互理解に止まることなく、中国や東南アジア地域との相互理解の深化を目指すことが、アジアの平和共同体構築のためにも必要だと思われます。「アジア宗教平和学会」は、日韓のみならず、アジア平和共同体構築の理論提示にも、貢献することを目指していきたいと考えています。

　アジア宗教平和学会設立に至る道筋を、粘り強く、献身的な情熱をもって切り開かれたのは、旧知の友人李贊洙先生であり、先生の指導性なしには学会設立は不可能であったといえます。先生のご援助によって、私は多くの先進的な韓国の宗教者・宗教研究者と交流をもつことができるようになったばかりか、韓国と縁を結んでおられる日本の幾人もの宗教者・宗教研究者とも、新たに知り合いになることができました。これによって、私の思想的地平は拡大し、大きな喜びが得られました。李贊洙先生には、重ねて心よりお礼申し上げます。

　韓国語版の出版にあたっては、図書出版モシヌンサラムドゥル社の朴吉守代表には大変お世話になり、また日本語版の出版にあたっては、1970年代から韓国の思想・文化に一貫して取り組んでおられる社会評論社社長・松田健二社長、編集担当の板垣誠一郎氏には大変お世話になりました。韓国の朴吉守氏は、東学・天道教思想について多くのご教示

序　文

をいただいている方であり、また、社会評論社の松田健二社長は、私の
思想を評価され、拙著『宗教と社会変革』（2022年）の出版のご英断を
いただいた方です。偶然にも、朴吉守氏と松田健二氏を繋ぐ者が私であ
ることに、不思議な仏縁を感じます。出版情勢が困難な中で、私たちの
書籍の出版を英断された、図書出版モシヌンサラムドゥル社、社会評論
社の両社に心よりお礼申し上げます。また、編集にあたっては、数多く
の日韓の友人たちのご援助をいただき、ありがとうございました。

　日韓の宗教者・宗教研究者の共同の取り組みの成果である本書が、日
韓両国で広く読まれ、東アジアの平和構築が前進することを祈念いたし
ます。

（アジア宗教平和学会会長・北島義信）

第一部

平和の理論

アジア宗教平和学会のようす
(2023年11月 於正泉寺)

第１章

平和が宗教だ

宗教が平和的な力の源であるための論理的な模索

李贊洙

イ・チャンス

延世大学 教養教育研究所 専門研究員。宗教学、平和学 専攻。
1962 年韓国水原で生まれ、西江大学化学科を卒業、宗教学科で
博士号を取得。江南大学教授、国立ソウル大学 HK 研究教授、
聖公会大学待遇教授、（日本）中央学術研究所、南山大学客員研
究員、報勳教育研究院長等々を歴任。『平和と平和たち』、『社
会はなぜ痛いのか』、『人間は神の暗号』、『明治の陰』、『京都学
派とキリスト教』、『平和のいろいろな顔』（共編著）、『世界平和
概念史』（共著）、『北東アジア・市民社会・キリスト教から観た
平和』（共著）など、95 冊の単行本と 100 編の論文を出版。

はじめに

「平和が宗教だ」というタイトルは本稿の結論でもある。本稿では「宗教は平和を実践しなければならない」という一般論からさらに進んで、「平和が宗教」である理由について考察しようと思う。

そのため第一に、言語の制限性による疎通過程での緊張と宗教概念に対する誤解の様相を確認し、宗教現象に対する総合的な理解を通じて誤解の幅を減らしつつ平和的具体化の可能性を探る。第二に、宗教というものは一方では資本志向的社会に従属的であるが、また一方では社会を平和的に再形成させる深層的能力を伝承する主体でもあるという事実を再確認する。第三に、以上の内容に基づき、平和の形成過程が宗教である、すなわち「平和が宗教」であるという事実を結論として提示する。

1.　言語には緊張がある

言語そのものとその言語が指示する世界は同じではない。特に抽象的な概念語であればあるほど発話者と聴取者の間には緊張の幅が大きくなる。発話者も聴取者もそれぞれが自分の置かれた脈絡と状況によって話したり聞いたりするので、誰かの発話行為がすべての人々に客観的で同じレベルと意味で受け入れられることもない。さらに、ある言語を使う時、概念の一部は伝えられるが、概念の境界の向こうにある、他の世界は遮られる。

例えば、普通のキリスト教徒にとって「イエス・キリスト」は「キリスト」という言葉によって、一方では現実を超越した超形象的な救い主のイメージを連想させるが、他方ではその連想によって歴史的人物である「イエス」の日常的な生活は隠される。砂漠の砂嵐の中を歩き、食べ物を乞う生活し、時には一人で用便を済ませた日常のイエスは救い主という概念の裏側に隠される。理想的な言葉は、傷つき苦しんでいた現実

の影からは目をそらさせる。「救い主」の概念はそのように複雑な日常を隠しながら伝えられる。

　言語の概念的制限性を越えるために誇張法を使うとまた問題が起こる可能性がある。自分の経験の意味を他人に積極的に伝えるために実際に経験したことの以上の表現を使う時、ありのままの真実が隠されたりもする。特に、非日常的経験ないし日常の根源に関した世界について語る時は、誇張法が激しくなる傾向がある。時には聴取者もその誇張性を認識しながらも、聴取者が発話者の席に立つと、彼も誇張された表現を使う場合がある。このような過程が続いて重なり、以前とは異なる概念と観点が形成される。その概念と観点が既存の対象を再形成あるいは再構成する。

　宗教の開祖に関する解説は言語的誇張の典型的な例である。例えば「イエスは神の息子」という言葉はその神学的で歴史的な意味と関係なく、イエスが全能者であるようなニュアンスにつながり、ますます神秘化あるいは神話化する。それとともに歴史的イエスとは異なる次元の存在として形成されていく。ブッダの存在理由と意味を肯定的に説明する過程で、歴史的存在としてのシッダルタが数億劫の歳月以前からすでに悟っていた永遠な存在の顕現として神秘存在となる。その過程で人間シッダルタの些細な日常は相当部分脚色される。ムハンマドに従う自分の存在理由と意味を正当化するために、ムハンマドが生きて昇天したという主張を歴史的事実のように掲げることもある。

　これは開祖のメッセージや存在意味を積極的に伝えるためであろうが、その伝達が度を越して排他的姿勢で流れる場合も数え切れない。既存の対象を再形成させる過程に人間の欲望が介入され、自己中心的な態度を正当化して他者を劣等視する場合もある。排他性が当然のものに変身し、そうした試みが繰り返し、相手に対する暴力が暴力であることを知らないまま構造化される。

　例えば、朝鮮半島が外国勢力によって分断された後、南と北に互いに異なる政権ができ、ついに戦争まで起こり、分断以前にはそうでなかっ

た南北の教会が互いに敵対し始め、自分たちの勝利だけを祈った。1950年12月、南韓（韓国）の「大韓イエス教長老会」では、各教派連合の信徒大会を開き、6.25戦争（韓国戦争）は「世界民主主義自由国家」が「共産独裁国家」と戦う「聖戦」であると言い武力的北進統一を要求し、北朝鮮の教会は、米帝国主義者たちを「イエスを裏切ったユダ」に譬え、南韓（韓国）を悪魔視しながら、北朝鮮の勝利のために武器代金献納運動を展開した[2]。数年前までは同じ信仰を告白していた同じ民族の同じ教会が相手を呪い、自国の勝利を祈って戦争を正当化するようになったのである。その後、量的に成長した韓国の教会はカトリックを含め、ほとんどが「反共主義」を信仰と事実上同一視する状況に至った[3]。

　事態がこのようになる根本的な理由は、大部分が現実の自己利益に基づいて自己中心的に考えて行動するためである。自己中心性を正当化し、それぞれの自己中心主義が重なりながら、集団、社会、世界が他者に対して攻撃的で暴力的な構造をするようになるのである。「宗教」という言葉を使う時も、このような理由と原理を念頭に置いて、暴力的に流されないように警戒しなければならない。

2.　「内」と「外」を満遍なく見なければならない

　よく「宗教」と言えば、寺院や教会堂のような建物、神父や僧侶のような身分の人々、十字架や仏像のような象徴的な形象物、経典や教理のような言語体系、祈り賛美する儀礼、座禅のような修行、宣教行為などのように外的で可視的なある姿を連想する傾向がある。

　しかし、宗教でさらに重要なのは、この外的で可視的な世界を生んだ非可視的な根源である。宗教全体を理解するためには、外的な現象が生まれたその出所を見なければならない。その出所や根源を「信仰」（faith）という。信仰は人間が置かれた現実の根源あるいは超越的世界を振り返らせ、現実を矯正してくれる内的能力である。日常生活では教理的信念体系（beliefs）と同じく使われるが、信仰は言語的あるいは理

念的信念体系とは違う。信仰は言語的信念体系ではなく、その根源であり、現在の自分を越えてさらに深層の世界と繋がるようにする自己超越の能力である。

この時、超越の「能力」そのものと、その能力に基づく超越の「経験」を区別しなければならない。言語的表現とその言語が指示する世界が区別されるように、外的表現とその表現の出所は別々である。それを意識しないまま、言語的教理体系など可視的に現れる外的伝統自体を絶対視し内的真理の世界と同一視したり、量的規模で優劣を判断することで様々な問題が生じる。

実際、現実では組織や制度、言語化された教理的な表現自体を宗教の核心、または真理そのものと見なす傾向がある。儀礼そのものが宗教の精髄であると誤解し、他の儀礼の価値を切り下げる場合もある。自分との違いを受け入れられず自己中心の生存と拡張を図り、他者との違いを無視したり抑圧して葛藤を起こしたりもする。

ここで他者をありのまま収容できる空間は縮小される。本来は愛・畏敬・献身など自分・隣人・宇宙に対し人間の持つ根源的姿勢を意味するラテン語 religio が「言語的信念体系」程度に狭く使われ、愛と慈悲で表されなければならない信仰が自分の集団を維持する動力として理解されたため起きることである。これは資本のような外的事物を基準に再編されてきた世界に、宗教も従属されたからである。宗教が事物の延長、すなわち事物を拡張させるように自身の信念や宗教も拡張させなければならない対象のごとく「事物化」(reification) されてきたのである。以上のことが「宗教が平和」であるどころか、むしろ暴力に寄与することになる根本的な理由である。

3. 自己中心性が重なり、暴力を生み出す

宗教が暴力性を持つようになる根本的な動力は、自分の量的拡張と自己アイデンティティーの強化のための欲望である。このような欲望は、

「自由な競争的行為」という美名の下、より多くの成果を積むように要求する新自由主義体制であればあるほど、より露骨化される。このような自己拡大のためのあらゆる欲望が絡み合って、集団と社会を動かす動力として作動する。新自由主義が成果の蓄積を讃える経済システムであるという点で、成果を算出するための欲望は物であれ金であれ、名誉や力であれ、一種の「資本」を拡張させる根本動力となる。自分の安全な生存と資本の拡張のための自由が競争的に作動し、人間は自分も知らないうちにその競争を正当化する社会に従属していき、人間に対する社会の従属力はさらに強化され、人間は暴力であることも知らないまま暴力に苦しめられる、いわゆる「肯定性の暴力」(The Violence of Positivity) あるいは「脱暴力的暴力」(The De-violent Violence) はさらに構造化される。

　その奥底には物質的拡張で自分の生存を保障され、自分がより安全になろうとする欲望が置かれている。大概の人々が関わっているこの欲望が重層的に交差しながら、社会はいかなる権力でも制御できないほどの資本中心的な自己生命力を持つようになる。社会は構成員たちの欲望が絡み合って自己拡張中であり、その社会が再び個人の欲望を煽って、最後の力まで出せとせきたてている。

　現実では様々な欲望の競争も法と慣行の名で肯定される。学校では強者の論理を教え、宗教も競争での勝利、成果の蓄積を神の名で讃える。子供の大学合格のために霊験あらたかな山で祈り、信者が名門大学に合格したとし礼拝の時に祝い、宗教指導者たちが大統領と共にする朝食祈祷会を光栄に思う。こうした自分を引き立てるための欲望が重なるほど、資本中心の社会は自分の生命力を強化していき、人間は自らこのような役割を引き受けながらも、同時にそこで傷も受ける。いくら忠実な宗教人だとしても個人的一人の力でこのような社会の問題は解決できない。社会は個人の道徳的な行動だけでは手に負えない非道徳的な自己中心主義で団結する。

　国家単位でも同じである。平和に対しても自己中心的に想像し、自分に有利な平和を期待し、それによって動く。韓国の平和と北朝鮮の平和

はもちろん、中国の平和とアメリカの平和が常にぶつかる。日本と韓国の平和も相反する。いずれも力による自己防衛と影響力の拡大を平和と考えているということだけが共通点である。それぞれ国家安保を掲げながら他の国家安保と対立し、安保という名の不安、「安保ジレンマ」が続く。私のための投資が私を締め付けるという矛盾的な現象が続いているのである。

4. 強者と弱者の自己中心性には違いがある

もちろん、自己中心性も強者が主導的に構造化した自己中心性と弱者の抵抗的自己中心性は区分される。自己中心主義も加害者の自己中心主義と被害者の自己中心主義は違う。平和学的平和は弱者の苦痛を先に考え、被害者の痛みを癒すところに成り立つ。加害者に対する責任を問い、被害者に手を先に差し伸べて痛みを癒さなければならない。

それにも関わらず、現実で強者が手を先に差し出すことは滅多にない。強者もそれなりの理由でそれを自分の損失だと思う。加害者が責任を負わなければならないということは一見明らかだが、現実では加害と被害の境界を明確に区別または断定しにくい場合がより多い。たとえ暴力の行使者として名指しされたとしても、彼もやはりそのようにしなければならない明確な理由と名分があったと主張する。テロリストさえもいわゆるテロの経路を遡ると、より大きな力から受けた痛みが表出されることもある。極端的根本主義イスラム教徒である「IS」の異常な暴力性について世界が非難することもあるが、IS の形成背景を遡ればイギリス、フランスの支配の歴史と出会い、アメリカの世界支配戦略と関わる。アフガニスタンからアメリカが退き、タリバンが政権を取り戻し、民主主義と人権が再び抑圧される状況に対して世界が批判するが、タリバンもソ連とアメリカの侵攻の間で、それなりに自分のアイデンティティーを守るという理由で自らを極端化したイスラムの一種である。

パレスチナのガザ地区のハマスがイスラエルを砲撃することになった

背景にも、自分の存在を認めないイスラエル中心の欧米国際社会に対する抵抗意識がある。それを機に、イスラエルはガザ地区を滅ぼそうと試み、そこを占めようとする攻撃的政策を露骨化し、それが正当な行為だと抗弁する。強者の立場にしてもこれは変わらず、常に自分に対する言い訳を持っている。お互いが事件の原因を別のところで探すのである。

　北朝鮮が核兵器実験を繰り返すとして多くの国で非難しているが、北朝鮮がそうするようになった背景には「東アジア大分断体制」で形成された国際社会の対北朝鮮圧迫政策がある。韓国戦争も、狭くは北朝鮮が南侵して行われたが、広くは中国とソ連の同意と黙認に繋がり、遡れば日本による朝鮮半島分断と植民支配体制とも出会う。ある事件の深層の中に入ってみれば、世界のすべての事件と繋がると言っても過言ではない。ある葛藤や衝突の原因の中には、自己正当化のためのそれぞれの自己主張が重なっているのである。世界的に構造化された不平等を解消しようと努力せず弱者の武力的抵抗だけを非難すれば、暴力は続き、平和は遠ざかる。

5.　自分について問い返さなければならない

　根源的な連結性を見なければならない。もちろん、誰かが物理的暴力で他者に害を及ぼしたことに対する当面の責任も問わなければならない。だが、巨大な不平等の状況で「小さな」加害者だけに責任を問うことは一時しのぎであり、現在の暴力的構造に大多数が寄与してきたという根源的な事実も見逃してはならない。これが平和を積極的に構築するための最も根本的な姿勢である。これが宗教の基本的な姿勢であることはいうまでもない。愛や慈悲のような普遍的な言語まで自己中心的に解釈し、宗教を量的な大きさで裁断することは、むしろ最も反宗教的な行動であるという事実に目覚めなければならない。

　宗教は量的に評価されない。宗教の外的様相がしばしば評価と比較の対象になるが、その外的表現は宗教の全体ではなく一部である。そし

て、このような外的領域は歴史・文化的相対性の次元で現れるため、そこに明白な優劣というものは存在しない。大人も子供も、女性も男性もみんな人間であるのと同じ理屈である。人間そのものに差別を置くことができないだけでなく、たとえ誰かがそのような差別を正当化しようとしても、その正当化の基準もやはり相対的なものに過ぎない。大人と子供、男性と女性の身体的な違いより、その中に込められた人間としての同質性が重要である。これが人間をまともに見る基準であり前提である。人間であれ宗教であれ、外的な違いに固着される瞬間、優劣と葛藤に繋がるのである。

　組織と制度はもちろん、宗教言語は固定されてはならない。反問し続けるべきである。反問し続ける過程で、自己否定と他者への肯定的な姿勢が表われなければならない。反問し続ける過程で具現すべき世界は、自分と隣人と世界に対する愛である。愛は他者に対する開放性の中で行われる自分と隣人と世界に対する畏敬である。自分の中に他者を受け入れる行為である。同時に柔軟な開放的な過程、受容的な過程である。

　他者を受け入れるためには、そのように受け入れられる主体が十分に準備されなければならない。自己否定の力量を育てていかなければならない。そうでない超越、そうでない愛は、他者を直・間接的に無視したり自分より下に見ることにつながったり、自己愛の形に現れたり、結局は他者に向けた暴力の動因となったりする。その暴力はブーメランとなり、結局、それぞれの自己中心性を攻撃し、自己中心性を再強化する悪循環に繋がる。

　それなら、自己否定の他者肯定は、ひとえに個人の義務であり責任であるだけなのだろうか。「信仰」を核心とする宗教で、その最終的な責任を個人あるいは自分に見出すことは、ある面から見れば必然的でもある。そのため、個人の修行を強調し、最上の目的のように考える。個人の変化なくして、全体の変化はないからである。このように現実の宗教において個人の変化を追求するのも当然である。

　しかし、これまで見てきたように、宗教は複合的な人間現象である。

政治、経済、社会、文化に無関心なまま、宗教的実践を個人の内的安定感や山奥の個人的静けさに閉じ込めてはならない。「空即是色」や「理事無碍」に込められた倫理的な実践、すなわち街の喧騒に耐え、その中に入ることができる力量を育てなければならない。政治制度に介入し、経済と外交政策を平和志向的に変えるために努力しなければならない。そのように変わっていく全体が再び個人の変化を導く時、より多くの人々が宗教本来の姿を感じることができるようになるためである。

　それぞれ国益を掲げながら国際秩序が乱れ、暴力が構造化されている状況で、巨大な暴力の責任を個人だけに転嫁することはできない。当然なことだが、個体と全体の責任をすべて問わなければならない。内的信仰が外的伝統に刺激を受けて触発されるように、そして内面も外面を通じてのみ把握されるしかないように、部分は全体の部分であり、全体は部分の有機的で超越的な総合である。

　「平和構築」(peace building) という課題は、個人の課題であり、全体の課題でもある。暴力の責任を個人だけに転嫁することはできず、個人を無視して全体に還元することもできない。墓場の静けさは平和ではない。平和は人々との関係の中で形成され、人類の共存のための基盤である。カントの「永遠平和論」に含蓄されているものでもあるが、真・善・美・聖など個人が成就できる価値とは異なり、平和は個人と全体の両方の課題であり責任である。

6.　平和という名の暴力

　問題は「個人と全体の課題」という原理が、現実ではただ原理として残るということにある。現実において個人は構造化された巨大な不平等の世界から、各々有利な判断をするように要求される。例えば社会は人間が産んだが、まるで巨大な生命体のように、人間の統制の領域を越える巨大な力となった。宗教も内的信仰や悟りを根幹とするが、現実では人々が集まって作った組織や制度によって動き、その外的システムがそ

のシステムの中にある個人を調節する。そのため、個人的には純粋な信仰者でも社会的次元の正義を具体化させることは非常に難しい。 ラインホルド・ニーバーの「道徳的人間と非道徳的社会」というタイトルのように、たとえ純粋な個人には概して別に問題がないとしても、社会の構成員としての個人は「道徳的人間」とは異なる判断をする場合がある。公と私が入り混じった社会では公的判断をするよりは、内心では私的判断を先にする傾向がある。それぞれ自分に有利な選択をする中で、自己中心的な欲望が互いに衝突しているのである。

　このような衝突が重層的に結びつき、個人の道徳的な行動だけでは手に負えない集団利己主義が形成される。このような過程を経て、集団の関係は「各集団が持っている力の割合によって樹立される。[7]」誰かが他者に、特に大きな力が小さな力に望まない被害を与える時、それを「暴力」というならば、すべての暴力はその根源で自己アイデンティティーあるいは自己同一性に基づいた自己中心主義を動因としているのである。

　それぞれ平和を掲げていても世の中が騒々しい理由は、平和も自己中心的に想像し、自分に有利な平和を期待し、それによって動くからである。中国の平和とアメリカの平和は常にぶつかる。韓国の平和と北朝鮮の平和はもちろん、韓国と日本の平和も相反する。何が正しいか間違っているかを除外すれば、お互いがお互いに対して自己中心的に判断するという「形式」では共通している。韓国であれアメリカであれ、進歩であれ保守であれ、政治において国益を念頭に置かなかったことはない。ロシアのウクライナ侵攻から分かるように、ウクライナを本来ロシアの一部と見るロシアは、そのような事実を否定したり、ロシアを警戒するウクライナとNATOを敵対視し、戦争まで辞さない。そのため、武力的な暴力を通じてでも、自分の正当性を確保しようとする矛盾が生じる。ロシアとウクライナをめぐる国際関係は、それ以上の政治・外交的複雑さに絡み合ってはいるものの、基本的な構図は大同小異である。

　このように平和と暴力は対義語のようだが、自己正当化のために自己

中心的に行動しながら平和という名の暴力が起きる。「民主共和国」を政治的アイデンティティーとして掲げた大韓民国と「朝鮮民主主義人民共和国」という国号に盛り込まれた「民主」と「共和国」の概念は互いに異なる。韓国内でも民主の名で保守と進歩が衝突し、民主共和主義と自由民主主義が葛藤することもある。「共和」と「自由」は強調点の違いはあっても衝突する概念ではないが、自由という言葉によって他者に対する尊重を後回しにするとき、この二つは相反する。相手の自由を制限してはならないと法を定めているが、その法さえも自由競争を促し、競争での落伍者を作るのに寄与する。それぞれ既存の自分を正当化する行動をしながら、「平和」という名の紛争も起きる。旧日本の大東亜共栄圏が結局、日本中心の共栄、事実上日本だけの繁栄だったように、自己中心的な平和主義（ego-centric pacifism）がいわゆる正義のない正当な戦争の動力になるのである。

---

7. 宗教者の利他性と社会的正義

宗教も社会の構成体である限り、このような原理から自由ではない。宗教が葛藤の原因になるのは「宗教」ということを自分の宗教団体を中心に思惟し、真理を「量化」（quantify）するためである。言い換えれば、このような現象は宗教の事物化（reification）を超える時に克服できるという意味である。より正確に言えば、宗教というものを量的な大きさではなく、他者を生かす意味のある効果と価値を中心に見なしてこそ克服できる現象なのである。宗教は愛、慈悲、献身、畏敬、喜びなどの価値に基づいて他者を生かす時、その生かすことにおいてのみ宗教になる。そのような次元で宗教は「宗教的」効果を中心に再解釈されなければならない。自分を空にして他者を、特に弱者を抱く愛、根源的な力に対する畏敬、他者に対する献身、このような価値志向の実践が宗教である。

このような利他的な実践は、概して個人の行為として現れる。宗教組

第1章

織や団体全体が利他的であることは難しい。同じ宗教団体の構成員であっても情緒、考え、ある事態に対する反応などが様々であり、これらの多様性を最高の道徳的な価値に昇華させる組織と制度というものはない。宗教団体の組織と制度が個人的道徳性あるいは利他性の平均値あるいは「平均値 +@」を具現するのに寄与できれば、それだけでも非常に成功的である。これは様々な条件の調和と折衷としての「正義」の概念と繋がる。

正義は人間の果てしない欲望と利害打算の調整過程である。正義は共同体の根幹であり、個人の道徳性を維持させたり、社会的道徳性が個人的道徳性の平均値以上になるように現実化させていく過程である。組織と制度の特性上、正義をその程度に具体化させることは難しいが、それでも組織と制度としての宗教も、個人の利他性を社会的正義に具体化させていってこそ、その本来のアイデンティティーと真正性が確保される。

宗教の力も宗教者の利他性が社会的平均値の以上に具現されるようにする過程であらわれる。ニーバーに見られるように、「社会」を中心に見れば、最高の道徳的理想は「正義」である。そして「個人」を中心に見れば、最高の道徳的理想は「利他性」である。個人の利他性が社会的正義として現れるようにしなければならないという意味である[8]。もちろん社会というそのものがすでに利害関係および経済指向的に設定されているので容易なことではないが、いわゆる宗教の名で個人の利他性を触発させ社会的正義に進むように一定部分でも制度化できるならば、それだけでも「地上天国」や「仏国土」に近づけられる道である。そうしてこそ、宗教的な固有性と真正性を確保できるようになる。価値志向の実践がなければ、平和という名の暴力に繋がることになる。

8.　主語を解体させ主語に近づくこと

宗教的実践はお互いを生かす「相生」の実践と同じ意味の実践であ

25

る。宗教の名で、より大きな生命と調和する「相生的」実践につながってこそ、初めて宗教となる。個人の生存とより大きな生命への追求が同時に行われる時、平和の姿が現れる。すべてを恩恵と見る謙遜、相生的実践という価値の問題を見逃してはならない。

　その価値を真剣に具現しようとする姿勢がその宗教の外部からも理解されるとき、宗教は社会的に善良な力を得て、持続的な生命力を確保する。その善良な力は宗教者の自己生存のための力ではなく、真正性が表出されることから来る力である。宗教の真正性は、他者のために自分の力を自ら制限する行為によって、他者がより大きく根源的な力を感じる時に確保される。この根源的な力は宗教が自らを主語ではなく述語の位置に置く時に現れる力でもある。

　宗教は主語の位置にない。宗教は主語を指示する述語の形で表される。たとえば「神は愛である」という聖書の聖句の核心は述語、すなわち「愛」にある。「神」という主語自体はただの記号に過ぎない。神は愛で表される分だけ神になるのである。仏教的メッセージの根幹である「慈悲」も同じである。「慈悲は他者に共感しながら喜びを増やし、悲しみを減らす行為である。」この文の核心は、慈悲という主語ではなく、喜びと悲しみを共にする共感的行為にある。慈悲の主語性は、他者に共感し共にする述語的行為として明らかになる。他者中心的でなければ慈悲ではない。どのような文章であれ、文章の実質は述語にある。述語は主語を指示しながら既存の主語を再構成させる。そのように主語に近づく実質的な力である。

　すべての主語は述語によって指示される分だけ肯定される運命にある。宗教も個人と集団の自己中心性を越え、暴力による弱者の傷に共感しながら痛みを癒す時だけ宗教になる。述語的行為によってのみ宗教が平和に寄与し、平和に寄与することによってのみ宗教となるのである。

　文法的に宗教は「実線的」名詞というよりは開放的で「点線的な」形容詞である。名詞はその境界が実線のようにはっきりしているが、形容詞は点線のように開放的である。このような宗教的観点から見れば、

26

第 1 章

「排他性」はそれ自体が矛盾である。「自」と「他」が相互融通する過程が宗教の根幹であるためである。宗教は形容詞に力を吹き込む副詞でもある。「隣人を愛せよ」という命令文も宗教的であるが、「自分のように」愛せよという副詞が述語をさらに述語らしくさせてくれる。

宗教は内容的に見れば相生的実践によってその固有性があらわれる動詞でもある。「平和を実現する人々が神の子と呼ばれる」（マタイによる福音書 5,9）というように、宗教者が平和を実践するのではなく、平和を実践する者が宗教者である。宗教が暴力を減らすのではない。暴力を減らす行為が宗教である。暴力がなかったことはない。ただ暴力を減らしていくだけである。平和は暴力を減らしていく「減暴力」の過程である[9]。国家、人種、民族、身分、性別間の力の差による差別と犠牲が消えた「神の国」や「仏国土」のような「新しい世の中（開闢）」が到来する時まで、暴力を減らす努力は続けなければならない。汝と我の間に、人間と国家の間に、国家と国家の間に暴力を減らす過程がお互いを愛する過程である。そのように平和の動詞的実践が宗教である。宗教者だから平和を実践するのではなく、平和がそのまま宗教なのである。

注記

1 キム・ヤンソン、『韓国キリスト教解放10年史』(ソウル：大韓イエス教長老会総会宗教教育部、1956)、p.89。(韓国語)

2 キム・フンス、『韓国戦争と起伏信仰拡散の研究』(ソウル：韓国キリスト教歴史研究所、1999)、p.59。(韓国語)

3 イ・チャンス(李賛洙)、「君たちの平和はない： 韓国キリスト教の反共主義はベトナム戦争をどのように正当化したのか」、『戦争を越えて平和：脱冷戦の神学的人文学』(ソウル：インターハウス、2023)、pp.100-112。(韓国語)

4 「肯定性の暴力」はある事を肯定的にしていく過程で非意図的に発生する暴力全般を称する言葉である。特に、自由に競争して成果を積み上げるように推進する新自由主義の流れの中で、それぞれの肯定的な活動が重なり、過剰になって形成された新しい暴力の様相を称する。社会の要求を肯定的に自己化する過程で経験するあらゆる難関に耐えながら個人の精神勝利を図ろうとするために、暴力の被害者はいるが加害者は失踪したそのような暴力である。「脱暴力的暴力」とも表現できる。肯定性の暴力の別の名前と言える「脱暴力的暴力」は暴力が内面化され加害者が失踪してしまった状態、加害者と被害者が同一なので暴力に遭いながらも暴力の責任を問うことができない状態である。成果の持続的な蓄積を称賛する新自由主義システムであるほど成果を積むための努力は自発的に続き、その過程で成果を蓄積していくための色々な人々の多様な努力が重なり競争的な生活は構造化する。その過程で個人の生は疲弊し暴力に露出するが、自ら選択した生であるためにその暴力の加害者は消える。暴力の被害者はいるが、その被害に自ら耐えることで加害者が消えた、暴力の原因が曖昧になった状態が「脱暴力的暴力」である。イ・チャンス(李賛洙)、「脱暴力的暴力： 新自由主義時代の暴力の類型」、『暴力とは何か、起源と構造』(坡州：アカネット、2015)、pp.105-130　参照。(韓国語)

5 イ・サムスン、『韓半島の戦争と平和』(坡州：ハンギル社、2018)(韓国語)

6 ペク・ジョンヒョン、「永遠の平和のためのカントの哲学的企画」、イマヌエル・カント、ペク・ジョンヒョン訳、『永遠の平和』(坡州： アカネット、2013)、p.21。(韓国語)

7 ラインホールド・ニーバー、イ・ハンウ訳、『道徳的人間と非道徳的社会』(ソウル： 文芸出版社、2013)、p.23。(韓国語)

8 ラインホールド・ニーバー、『道徳的人間と非道徳的社会』、p.363。(韓国語)

9 イ・チャンス(李賛洙)、「暴力の政治と平和の神学」、『平和の神学： 韓半島から神学で平和をつくる』(ソウル：トンヨン、2019)、pp.13-36。(韓国語)

第 2 章

「生を生かす」平和

カトリックと平和学的考察を通じた平和の概念探索

孫瑞廷

ソン・ソジョン

カトリック大学講師。成均館大学生活科学科を卒業、カトリック大学で文化霊性学で修士号を、Trinity College Dublin で国際平和学修士号を、カトリック大学でカトリック教育学、平和教育専攻で博士号を取得。 ジュネーブの国連人権最高代表事務所（Office of the United Nations High Commissioner for Human Rights）でインターン、市民團体で平和活動家として働き、女性平和研究院と韓国カトリック平和ナヌム研究所で研究委員に活動。『平和をささやく』（共著）、『生を生かす平和教育模型研究』、『ウイルス以後、平和』など論文と大衆に近づく多様な形式の文を執筆。

平和とは一体何か。古今東西を問わずすべての人は平和を求めてきた。しかし直接的に平和とは何か問いかけるとつい戸惑ってしまう人が多い。平和に対して探り続けてきた私でさえ平和とは何か一言で定義づけることは簡単ではない。平和を望みながらも、実際に自ら求める平和の意味が規定できない人間的省察から一歩踏み出し、人類の積み上げてきた宗教と学問を通じて平和の意味を探っていこうと思う。

　人類はその胎動から平和を求め、神との関わり、つまり宗教の中で平和を探し始めた。私もやはり、日常の中で実存的平和を追求した出発点と根幹となった土台は、カトリック教会という宗教的領域にあった。これが理論的探索に繋がり国際平和学（International Peace Studies）と言う領域で学問として探求した。こうして人類の始まりからの考察の道のりであると同時に、私が一人の人間として経験してきた過程をたどりつつ、平和の概念を調べてみようと思う。

　まずキリスト教思想とカトリック、そしてその中から聖書と受け継がれた教えで作られたカトリック教会の文献・社会教理を中心に、カトリックから見た平和を探ることにする。そしてこれらを総合してカトリックと学問的観点からの平和の意味を導き出し、その方向性を提示することを目的とする。

1　カトリックから見た平和

　カトリック教会の信仰において、平和とは神の本性として提示される[1]。キリスト教信仰の精髄であり根幹である神の教え、つまり旧約聖書からイエス生誕以降の新約聖書までを貫く神の根本的属性は『主は平安』（士師記第6章、24節）であると明示されている[2]。ゆえに平和とは創造されたすべての被造物への贈り物として表現できるのである。これは新約聖書で死から復活したイエスが大切な弟子たちを迎えた場面で明らかに表れる。死から復活したイエスの最初の言葉は何よりも大切な意味

を含んでいたが、イエスの復活して初めての一言は『安かれ』（ヨハネによる福音書20章19節）であった。恐れて震えていた弟子たちに与えた平和への宣布[3]には、現世で生きているすべての人間が経験せざるを得ないあらゆる苦しい状況の中でも世間からは得られない平和を与えようとする神的意志が含まれている。

このように聖書での平和は単純に争いのない状態を超越した、命の豊かさであり人間の生に与えられる祝福の結果として豊穣と安寧、そして平安と喜びを呼び起こす[4]。こうした平和の約束は人間の和解、つまり神との合一だけでなく隣人と和解し充実に生きていくべきキリスト教徒としての役目はイエスの復活によって完成される[5]。『平和をつくり出す人たちは、さいわいである』（マタイによる福音書5章9節）と、自身の子を呼んで平和のために働くようにした召命は、イエス・キリストが十字架によって人間を救ったように、人間もまたそれぞれの十字架を背負ってこの世の平和のために働くべきであることを宣布している。つまり、キリスト教の真理はカトリック教会の伝統と教理だけに限られる狭い意味ではなく、東西古今を問わず人類が守ってきた命、正義、自由、平和、愛のような普遍的な価値を含み、これを拡張し進んでいくよう促す[6]。

カトリック教会での平和に向かう志向は、個人一人の救いを超越して、社会共同体に向かっている。カトリックの共同体的特性は聖父・聖子・聖霊の三位に基づき、それらが一つに一体され三位一体の神の姿がその究極的根源である[7]。キリスト教は教会の伝統と経典の奥深い伝統に基づき預言者イザヤとアモスのように平和と正義のために働くことを強調している。また、正義を呼び起こし平和を成し遂げるためには単純に相手に共感し分かり合うだけでなく、働くイエスを模範としてその実践性を強調した[8]。結局キリスト教徒はこの世に平和を与えるために訪れたイエスの使命を引き継ぐため、それぞれが一つの体を構成する手足として働かなければならない。人間を己と社会の命を維持させ本当の人間として生きるため、根本的には「互いのために創造された存在」である[9]。

カトリック教会は教会の文献、教皇談話文、会則などを通じて正義と

平和のための共同体的努力を見せ続けてきた。特にレオ 13 世以降、す
べての教皇は社会的責務と教育の重要性をさらに強調した。レオ 13 世
（在位 1873 - 1903）は産業革命の後、資本の奴隷に転落し人間の尊厳を
奪われた残酷な現実に置かれた労働者たちの権利増進のため「新しき事
がら（Rerum Novarum、1891）」と言う資本と労働に対する会則を頒布し
た[10]。この会則を通じて人間の労働は単純な稼ぎではなく尊い行為であ
り、労働によって己の価値と尊厳性を高められるよう、労働する人間本
性に対するキリストの教えを広めた。また、不合理な契約によって労働
者の給料が決められたり雇い主が労働者を奴隷にように酷使する事態な
どを批判し、国家は国家の富を築き上げた労働者たちが資本に搾取され
不当な扱いをされないよう助力し彼らの福祉のため共益を考えなければ
ならないと国家の義務を明らかにしている[11]。

　労働憲章とも呼ばれるこの会則は当時社会主義（socialism）と自由主
義（liberalism）が各自の理念で支配権を握るため激しく争う中、労働者
が道具の位置に転落していた時代に出版された。約 130 年が経った現在
でも人間は依然として資本と理念のくびきから搾取されており、その姿
はますます多様で深刻な形となり、いまだに解決されず残っている。当
時のカトリック教会の労働憲章は個人・宗教的概念だけに集中していて
社会的観点での具体的な論議には発展できなかったという限界はあるも
のの、この会則はすべてのキリスト教的社会活動の基となる大憲章であ
り、初めての社会会則であるという点では大変意義深いといえる。

　それから 40 周年を記念する年に、ピウス 11 世教皇（在位 1922 -
1939）は二回目の社会会則と知られた「四十周年（Quadragesimo Anno、
1931）」を頒布した。彼は第一次世界大戦、ボルシェビキ革命、イタリ
アでのファシズム出現など数多くの戦争や内乱、世界経済不況のような
激動の時代を経て社会的問題に注目し、他にも数々の会則と談話を発表
し、宗教の社会秩序再建に関する観点と役割を強調した[12]。

　その後、教皇ヨハネ 23 世（在位 1958 - 1963）はキューバ危機による
第三次世界大戦勃発可能性を憂慮し「地上の平和（Pacem in Terris、

1963)」という会則を頒布し、平和に対する世界の関心を促した。特に真理・正義・愛・自由に基づいたすべての民族の平和のために政治共同体と世界共同体が相互関係を結び、平和を実現すべきだと全人類的責務を強調した[13]。すべての人間は神の像（image of God）として創られたため、全人類は国家と民族を問わず平和を作り上げなければならないと宣布したわけだ。また人種・言語・文化の違いとは異質性と排他主義を煽るのではなく、多様性をとおして愛し合い、一致することで、より豊かな創造計画を完成させ、真の平和を成し得ることを強調した[14]。教皇ヨハネ23世は、現代世界で生きていくカトリック教会の改革と刷新のために全世界の司教を招集して、第2次バチカン公議会（1962－1965）を開催したのだが、以後4会期にわたり社会と対話した結果、4つの憲章、9つの教令、3つの宣言が提示されカトリック教界と社会の中にとても大きな変化を呼び起こした[15]。

　ヨハネ23世を継いだ教皇パウロ6世（在位1963－1978）は3年余りの長い会議を終えて、第2次バチカン公議会（1962-1965）を閉幕し、カトリック教会の幅広い改革任務を果たした。国連総会の演説では国際平和のためにはいかなる難関にぶつかっても世界中が共に努力すべきであると強調した。そして公議会文献である「現代世界の教会に関する司牧憲章『喜びと希望』（GaudiumetSpes、1965）」では、平和の本質、戦争回避、国際共同体建設などに関する理論を奥深く具体的に述べた。

　その後、パウロ6世は会則「民族の発展」（Populorum progressio、1967）を通じて世界平和に対するカトリック教会の関心と責務を明らかにした。また、毎年1月1日を世界平和の日と制定し、全世界のカトリック教会が世界平和を祈り、他宗教はもちろんすべての人々と話し合い協力することを提案した[16]。すべての人が共に真の平和を見つけ回心し、真理と正義、そして愛と自由に基づいた平和を確立するためには、まず平和を認識できる教育の必要性を段階的に強調してきたのである[17]。

　1971年の世界主教会議では、いかなる教会文献の中でも正義に対する教育を最も幅広く扱い、正義の領域として家庭、学校、職場、社会と

市民生活全般について述べている。つまり、このすべての領域で個人の生き方や社会的道徳性が福音的原則と一致するように生きる生き方を教えることで、批判的に省察することで具体的な知識を認識できるようにしなければならないと強調した。特に正義を増進させてこそ、全般的な発展が保障され世の中の変化に備えられると予想した。[18]

　教皇ヨハネ・パウロ 2 世（在位 1978-2005）は正義と平和の関係性について「社会正義がすべての人のための平和に向かっていくならば、私たちは地球上のすべての生、すなわち社会・経済・文化・道徳的な全次元での公正で正直な関係とは分離できない実」である平和が実現できることを力説した。こうして教会は平和と正義のために世の中の要求に答えなければならない「新しい福音化」の使命を宣布した。[19]

　このような使命の延長線上でローマ教皇庁の正義平和委員会（2004）は神の像的存在である人間の尊厳性と決して譲れない権利を守るために積み重ねてきた、教会の教えの集大成である「カトリック社会教理」を発表した。カトリック教会が歴史上、平和のための奮闘の中で意識的または無意識的に暴力を振るったことは否定できない。しかし暴力的な現実を自覚し、省察し続けることで人間の命を救い、生を生かす救いと解放によって平和に向かっていこうとする主な流れもまた続いてきた。

　結局、人間の進歩と完全な解放を目指す教会の社会的教えとは、今日のすべての政治・経済・社会的問題に対する回答を要求している。社会のすべての問題に対して共に責任を負う社会的連帯を構築し、社会の中で生活するすべての人は『正義と愛の義務』を履行して万人の善益と各個人の善益に投身しなければならないからである。[20] 何より己の利益だけのため自己中心的に主張するのではなく、他の共同体の利益を尊重する「連帯性（Solidarity）」を実践しなければならないことを力説している。[21]このような連帯性は、他人の不幸に対する漠然とした同情心や皮相的な心配ではなく、共同善に身を投じようとする強力で永続的な決意としての行動を促す。

　より具体的に言うと、教会では持続的な教会文献頒布と教皇談話文を

通じてすべての暴力に反対し、暴力を悪と規定する。戦争はもちろん武器開発など暴力を通じて人間の尊厳と生命、自由を守るという主張は問題の解決策として受け入れられないどころか、キリスト教の真理はもちろん人間に対する真理にも相反する偽りだと断言している[22]。しかし、正当防衛とは言え、やむを得ず武力を行使するとしたら、平和守護と罪のない生命を保護する場合に限って非常に厳格な条件の基「必要と均衡」の限界を尊重し慎重な判断をしなければならないと警告する[23]。これはテロリズムに対する断罪はもちろん全般的な軍備縮小にもつながる。何よりも反人倫的犯罪に対する責任を宗教、国家、人種に回し世の中を二分法に分け軍事的に報復したり、既得権を維持させるため悪用する事態を直視し、根絶しなければならないことを明確にしているわけだ。このような実質的な問題を察知して解決するためには、政治的、教育的場面で特別に努力しなければならない[24]。

　このような努力にも関わらず社会には依然として暴力と報復が存在し、平和は崩れ、非平和的状況が続いている。さらに、赦しと和解がどれほど重要であるかに対しても言及しているが、教会は赦しと和解に必要なものが無条件的な愛と赦しだとひとまとめにするよりも、正義と真実の究明という実質的な条件を強調した。加害者と被害者が赦し合って和解し合い、平和に回帰する過程は非常に遠くて難しい道ではあるが、正義の実現をとおしてのみ赦しと和解の和合過程に到達できるという点と、その道で先頭に立たなければならない教会の役割を強調した[25]。

　特に教会では何よりも「貧しい人のための優先的選択」を真っ先に考えなければならないと主張している。これは神が最も貧しくて苦しむ罪人に目を向け、神の民としたことに起因する[26]。最も貧しい人々を愛と関心で助け、行動しなければならない教会の任務とは、物質的な貧困で苦しんでいる人々だけでなく、人間らしい生と尊厳の実現において肉体的・精神的・霊的に苦しんでいる人々も含まれている。戦争をはじめとする様々な暴力で『残酷性と苦痛の奥底に』[27]置かれた加害者と被害者、画一的で強圧的な資本と教育システムに襲われ、死にかけ、死を選んで

しまう哀れな魂を持つ皆が「最も貧しい人」である。物質的に最も豊かであるがその富が極端に偏った不公平な社会で、むしろ体と魂は最も貧しい人々があふれた疲弊した世の中になっている。

　これまで見てきたようにカトリックでいう平和はキリスト思想に基づき社会の理性的・道徳的な秩序で立てられた価値であり、人間の普遍的義務を強調する。このような平和は人間に対する正しい理解から芽生えるもので「人間のすべての次元の均衡を尊重」する正義から出てくる実りであり、この実りの必須的養分がまさに愛であると強調する。[28] なぜなら正義の役割が平和への障害物の除去だけだとしたら、平和に至るまでの至難な過程でも、愛だけは止まらない泉のように溢れるからである。つまり、平和そのものは愛によってのみもたらされる。すべての人が正義と愛の実りとしての平和を増進させなければならない責任を認識し、心の奥深くから平和の価値が根付く時こそ平和が家庭と共同体、そしてより大きく様々な集団に拡散できるのである。[29]

　したがって、カトリックでの平和は個人的で狭い範囲の宗教内平和に止まらない。神との関係に忠実な人間であれば、新しい朗報を伝え続けることで平和を拡大できる。物理的・心理的に最も近い隣人から敵とされる敵対的な隣人までも共に共生し、和合することを促す共同体的平和を願うようになるわけだ。そのために私たち人間は互いに信頼を通じて精神と才能の資産を分け合い、人間の尊厳・生命・自由を破壊するような暴力は徹底的に拒否する生きている証言と人生で実践することによってのみ人類共同の「生を生かす」方向に進むことができる。[30]

2　平和学から見た平和

　一般的に平和と言えば「平穏で和睦」そして「戦争、紛争または一切の葛藤のない平穏、またはそのような状態」と定義される。[31] しかし、この平和は理想的過ぎて実現可能性が全くないか、ほんの一瞬だけ見られる状態に限られてしまう。人間は一般的に己の内面、対人・対物関係、

そして社会構造の中で絶え間なく葛藤しながら生きていく存在である。ゆえにこのような静的な平和概念は真の平和の理解と実践的側面においてはむしろ「平和文盲」に至らせる弱点を持つ[32]。断片的で選択的な平和の概念の代わりに多様な「諸平和」の多元性を受け入れ、歴史的流れと文化的違いにともなう異なる「諸平和」が収斂されて調和を成す平和の概念が必要である。

　もちろん、平和という言葉はとても多層的な領域で多様な分野が含まれているため、平和の概念とその意味を規定することは決して簡単ではない。平和の概念は人類とともに胎動し、政治・社会・時代的状況にともなって変化するだけでなく、個人と状況によってもその解釈が分かれるからである[33]。また、平和は人間の内面から社会と国家、自然と宇宙にまで広がる多次元的な領域を含んでいて、人間はその領域の間で細かく関係を結びつつ次々と平和に対する多様な意味を生産し続けている[34]。

　ならば人類が探ってきた「諸平和」とは何だろうか。古代から平和を求めた人間の旅程は今になっても続いている。人類は衣食住が満たされる生存的な欲求と関係・文化的欲求を充足させる個人的な平和から出発し、共同体を成し信頼と非暴力によって達成される集団的な平和を追求し、ひいては不可侵協約と相互協力に基づいた民族・国家的平和を目指してきた。何より人類の起源から平和は宗教と大抵関わっていたが、古代人にとって真の平和とは途切れていた神との関係を回復し、神の意思と教えに従い、ひいては神と合一を成す時にのみ成就できるものだった[35]。

　すでに古代哲学者たちは個人的次元と社会・国家的次元の平和の関連性を察知していた。プラトンとアリストテレス、さらにストア哲学者たちも生活の質に価値を置き内面的成長と調和を強調しながらも、共同体であるポリスを脅かす外部勢力から抜け出し、世界市民としての認識変化を指向する平和を強調した[36]。ローマ時代には「ローマの平和」を意味するラテン語「Pax Romana」の概念が台頭したが、軍事的武力平定とローマ法の強要など帝国主義的暴力を前提とする統治哲学を背景に拡張

されたため、暴力性を抱いた己だけの平和に止まってしまった[37]。それでもここで注目すべきところがあるとしたら、ローマの平和は命の脅威から抜け出し、安全に生を営むという平和の本質を反映しようとしたということと、葛藤と競争の中で約束と同意を通じて規則と秩序を守ろうとする行為に発展させようとしたことである。

　近代に入ると、頻繁に戦争を繰り広げてきたヨーロッパで第一、二次世界大戦が勃発した上で、平和の意味はますます「戦争のない状態」に固着された[38]。朝鮮半島もまた強大国の間で頻繁な紛争を体験し、1890年代後半からは平和概念が「戦争のない状態」の意味に定着し始めた[39]。韓国戦争を経て終戦ではなく休戦状態を維持している現代の韓国社会も平和を「戦争のない状態」と理解する傾向が強い。

　このように時間と空間、人格の内面と外部環境の多様性と変化によって意味が変わった平和概念は、20世紀中後半になってはじめて学問的考察につながり、2回にわたる世界大戦を経験し、人類歴史史上最大の殺戮に対する反省を通じて平和学という学問として体系化された。平和学は政治・経済・社会・文化を含む様々な学問が互いに交流して発展し、非常に学際的で実用的な学問分野である[40]。そのため、国際平和学 (International Peace Studies[41]) では「平和理論」、「国際政治」、「戦争と武力紛争」、「平和構築」、「葛藤解決と非暴力」、「人道支援と開発協力」、「宗教と国際関係」、「国連と市民社会」、「ジェンダーと人権問題」や「気候と生態」など数多くのテーマを扱っている。

　アメリカの経済学者で平和研究者である Kenneth Boulding (1978) は、学問的に平和概念に接近し、戦争の不在という従来の平和概念に基づき、平和のカテゴリーを戦争の勃発可能性の程度によった「安定した平和 (stable peace)」と「不安定な平和 (unstable peace) の二つに分類した。彼によれば「不安定な平和」は平和を規範とは考えていても、戦争で平和が壊れる可能性がある状態であり、「安定した平和」は戦争が起きる可能性が少なく人々が戦争に恐れない状態をいう[41]。

　ノルウェーの社会学者 Johan Galtung (1996) はこれまでの平和と暴

力の範囲を拡張させ、複雑だった平和の概念を「消極的平和（negative peace）」と「積極的平和（positive peace）」に分類した。また、人間の生活の様々な層の上で具体的かつ多様に生じる暴力を体系化し、平和に対する認識体系を広げた。彼によると「消極的平和」とは病気、殴打、監禁、殺人、自殺、戦争のような物理的暴力や言語的暴力など、実体的な行為者が存在する「直接的暴力（direct violence）」が除去された状態である。一方、「積極的平和」とは人間の集団行動を通じて社会と文化の中に長々と形成され深く根付いた「構造的暴力（structural violence）」と暴力を正当化させる「文化的暴力（cultural violence）」まで除去された状態をいう。[42] Galtung の後を継ぐ多くの研究者の中には Galtung が整理した平和を「暴力の不在」と解釈する人もいるが、事実 Galtung は正義、統合、調和、協力を通じて理想的な関係を確立して前へと進む積極的平和概念をより一層強調した。[43]

「積極的平和」の概念を探る上で特に注目すべきところは、暴力の中でも直接的暴力のように実体が見えもせず、構造的矛盾の暴力性まで巧みに隠す、より複雑に作用する「文化的暴力」である（Galtung,1996:412-413）。「文化的暴力」は途方もない破壊力を持っていて、文化の中に巧妙に深く浸透し、直接・構造的暴力をまるで正しいもの、妥当なもののように偽装し、暴力を合法・正当化するために使われる。宗教、法律、思想、言語、芸術、科学、言論など文化全般に価値と態度として深く根付き、我々に強い信念として作用し、暴力を触発しながらも認知さえできなくさせる。[44]

現代社会ではすでに当然視される民主主義と人権のような談論が多数のための少数者差別を正当化するのに作動するように、このような文化的暴力は集団内で暴力の文化を拡張し、非平和的状況を平和のように認知させる暴力の土台となる。このような文化の土台の上で、社会内に構造的暴力の過程を構築し、その時、氷山の一角のように外に現われ実体が見えるその一部分が直接的暴力である。つまり、外に現われた直接的暴力はその土台を成す文化的暴力に比べれば、ほんの一部に過ぎない。

文化が暴力に侵食され暴力の文化に変質するほど、それだけ外に現れる暴力が拡大するので、文化を侵食している土台の暴力に認知できる能力が求められる。

　実際、平和研究が本格化され、戦争の終息と核兵器反対に集中していた「消極的平和」概念は、次第に社会経済的システムの不公正による貧困と構造的問題、地球環境問題を含む「積極的平和」概念に焦点が移った。インドの Sugata Dasgupta (1974) は西欧帝国主義と資本の横暴で経済・心理的に破壊された状況を指摘し、非平和（peacelessness）という構造的暴力を克服するために努力した。ドイツの Dieter Senghaas (2016) は国家権力と市民社会の間の構造的葛藤問題を解決する方案として、民主主義の力量の強化によって平和を構築する「文明社会的六角構図モデル」を提示した。六角構図モデルとは 6 つの条件で①法的共同体である国家に対する正当な権力保障、②そのための法治国家的な統制、③社会構成員同士の相互依存性からくる自発的な統制と情緒調節、④民主的な政治参加、⑤基本欲求を保障できる均等な機会と公正な分配などの社会正義の実現、⑥内面化された成熟した葛藤調整文化を提案している。

　このような積極的な平和概念は政治・経済・社会・文化的な領域を越え、自然・地球・生態的な領域に拡張され、「強力で躍動的な」生命尊重の側面がますます強調されている。生態系は人類が自ら行った無責任な暴力によってあらゆる形で続々と深刻な苦痛を経ているためだ。人類「共同の家（common home）」である地球のエコロジカルな平和を回復するためには、現社会に蔓延している消費主義と人間中心主義がもたらした死の文化を生命の文化に転換していく世界的な合意と努力が持続的に求められる。同じく資本主義と社会主義の理念的対立を越え、個人的には人間の生、社会的には人間の生存、エコロジカルには人間の生命を追求する思想と実践的活動が浮き彫りになる。これは結局、人間が持つ尊厳な「生命」と本性的に結ばれる「関係」が平和の核心原理であり、真の平和は「すべての人間の生命を生かし、互恵的な関係を形成する」こ

とであることを示している[51]。

3　生命を生かす平和

　上で述べたカトリックと平和学的観点の考察を通じて、平和の概念に
必ず伴わなければならない要素を抽出することができるが、それらは生
命・正義・愛という実存的価値である。生命がなければ平和という概念
自体が探索できず、正義のない平和は持続できず、愛が伴わない平和は
利己的で虚しくならざるを得ない。そしてその３つのうちの一つの価値
だけでは平和は成立できないので、生命・正義・愛という価値が互いに
調和した関係を結ぶことで平和は達成できるだろう。それなら、このよ
うな３つの価値がどのように調和を成してこそ平和にづくことができる
のかを調べる必要がある。

　第一に、根源である「生命」が最優先的に保障されなければならな
い。平和は人間の生の根本である生命、すなわち「人が生きて呼吸し活
動できる力[52]」と関連する。毎日息を吸っては吐き出す生命、そしてその
生命を持つ体は物理的な肉体であるだけでなく、精神的な宝庫でもあ
る。生命を持った体は人間が起きて動いて生活するあらゆる感覚と運動
機能を主管する身体的機関である同時に、本能や経験および知識を総括
して頭脳で記憶できないことまで保存し、もれなく享受できる、あらゆ
る人生の宝物を保存する倉庫である[53]。

　結局、平和を定義する時、戦争や死のような相反した言葉が付きまわ
るのも、人間の生命がそれだけ大切であることを意味する。平和は戦争
や紛争、抑圧と搾取で人間の生命と人間らしい生活を危機に追い込む、
各種の直接的で構造的な暴力を除去し、人間の命を生かすのがその目標
である。したがって人間の命はどの瞬間においても政治・社会・経済的
手段ではなく目的そのものとして尊重されなければならない。そうして
こそ根源たる生命そのものを生かし、人間らしく生きられる人生を享受
し、良い人生につながる平和をつくっていくことができるからだ。

41

第二に、「正義」の実現だけが平和を持続させる。ところが正義の基準は歴史・社会的状況と時代の変化によりその基準が変わり、客観的・主観的基準によって曖昧になったり、ある時には正義だったものがいつの間にか不義だと認識される場合もある。Aristoteles は正義は絶対に中立的ではないと主張し、正義とは本質的な美徳と共に「良い人生（eudaimonia）」につながるべきだと力説した[54]。彼の言う「良い人生（eudaimonia）」とは、すべての人間が究極的な目的として追求するもので、成熟した理性を発揮して渾身の努力をする時に初めて可能になる人生を意味する[55]。

　正義を探る旅路は古代から今まで絶えず続いている。アメリカの政治哲学者として長い間正義について研究してきた Sandel（2010）は正義を理解するために公理と福祉、選択の自由、美徳と共同善という３つの観点から正義を探求したが、結局正義とは「良い人生」に対して社会の構成員皆が共に悩み、正しい分配と価値を確立し美徳と共同善を成していかなければならないと結論付けた[56]。このように、正義とは単純な法律と協約で決定づけられるものではなく、人間の奥深い本質を通じてこそ定められる[57]。

　ゆえに正義を求める人間の本質自体から人間「皆のための正義」を受け入れ、共同善に向かって進むためには互いに向き合って共に議論し続けなければならない。そして、何よりも、私に反対する意見を持つ人や同意できない相手さえも歓待する空間と公的な文化を確立することが非常に重要となる[58]。平和は、ただ何も起こらない穏やかな状態ではなく、悩み苦しみ葛藤する中でも互いを尊重し、調整し、最善を尽くす正義の実現によって達成できる。

　第三に、人間と世の中に対する真の愛である。憐憫と慈悲を抱いた愛がなければ正義もまた不義に突き進むかもしれない。ローマの政治家であり弁護士だったキケロが言ったと知られた「最高の正義は最高の不義だ（summumius, summa iniuria）」という格言は、正義という物差しだけをむやみに突きつけると、正義というのが最悪の不正義に墜落する可能

性があることを暗示する[59]。正義とは関係の中で「愛という深い力を認めなければ自らを裏切る始末になる」[60]可能性があるためだ。

このような愛は親子関係と言う最も身近い関係から確かめられる。幼い子供が社会的、もしくは法律的な観点で正義に反する行動をした時、正義の概念だけで罰を与える親はいない。もしそうなら、子供は理性的判断も揃っていない幼い頃にすでに命が脅される事態に至るだろう。子供に対する深い愛を抱いて我慢して見守りながらやさしく忍耐することによって子供に正義を学ぶ機会を与え、直接正義を行うように導くことができる。愛は正義を前提とする同時に正義を超越するため、愛の中で初めて正義が完成される[61]。このような原理を社会的に広げていけば、他者に対する深い包容と愛で平和を成すことに近づくことができるのだ。

結局、平和は生命・正義・愛の価値を「均衡的な関係」で実現しようとする人間の努力を通じて達成できる。平和の要素は、個人の内面から家族と友人、共同体との関係から始まり、政治・経済・社会・文化的関係、ひいては自然と生態系まで包括する関係網で細かく絡み合っている。また、特定の個人や集団レベルでは平和であったものが他人や他の集団に移ると暴力的な姿に変化する場合があり、これはある個人、社会、国家が追求する安定と豊かさが他人や他の社会と国家では暴力の原因や結果を招くためだ。

ゆえに真なる平和のための個人的・共同体的・世界的合意とエコロジカルな合意を通じて互いの「生命を生かす」接点にたどり着く健全で均衡的な関係が必要である。個人的であれ、共同体的であれ、各領域で均衡的な関係を通じて互いを配慮し、包容する積極的な実践を繰り返すことで平和は統合的に成就され、つくられていく。したがって平和は停止された状態ではなく持続的に努力し実践していく、動く「過程」である。

全生涯にわたり、誰一人も総体的な人生の平和が崩れることなく持続することは不可能である。数多くの「平和」の条件の下で、たった一つの領域での「平和」だけでも崩れれば、平和は消えてしまう。仮に非常

43

に理想的な環境の福祉国家で生まれ、豊かで充満した人生を生きるとしても、自分が健康でなければ平和が満喫できないように、平和は統合され総体的な安寧を必要とする。その場合「平和が壊れた」と断定する外部的観点からもう一歩踏み出して内部者の立場に入ると、私たちは数多くの亀裂の中でも生命を生かし、人生を享有できるよう最善を尽くさなければならない現実に出会う。しばしばこのように壊れる苦しい経験が契機となって危機を機会に変え弁証法的発展を繰り返し、さらに理想的な状態に進む触媒として作用することもある。

　すなわち、平和は実質的で最も根源的な生命が豊かに生きられる政治的・社会的・経済的・文化的環境とエコロジカルな環境を造成するために愛を抱いた正義を実現し、その中で充満して良い人生を享受し、より発展的な生に向かうように持続的につくっていく過程だ。もし平和の意味を辞書的定義のように「状態」に限るとむしろ消極的な人生に止まり、己の力で平和は作れないと感じさせ、観念的な制約を受けてしまう。したがって紆余曲折のある人生でも持続的で積極的に作っていく「過程」としての平和として意味づける必要がある。

　したがって平和は生という人間の実存に統合され、持続的に経験される「生を生かす過程」と理解できる[62]。結局平和とは個人と共同体、そして地球と自然、宇宙的範囲の生命を含むすべての範囲で「愛を抱いた正義を実現し、互いの人生を生かす均衡的な関係の過程」と見なされる。この際、人間は一切の暴力から抜け出し、実質的な生命を生かすと同時に精神的・心理的・霊的に人間の持つ生命力と関係性を豊かにし、真に良い「生を生かす」平和を享受できるだろう。

第 2 章

注記

1　教皇庁・正義平和評議会、韓国カトリック司教会議、韓国カトリック中央協議会（2018）。『簡潔な社会教理』（第 2 版。ed.）。韓国カトリック中央協議会。p.363。

2　前掲書、pp.363-364。

3　ソン・ソジョン（2017）。「民族・和解・一致コラム」『カトリック新聞』第 3068 号、22 面。

4　教皇庁・正義平和評議会、前の本、pp.363-364。

5　前掲書、pp.364-365。

6　チェ・ジュンギュ（2005）。「カトリック系学校の宗教教育：概念、目的、方法。」『宗教教育学研究』21, pp. 314-317。

7　Groome, T.H., チョ・ヨングァン , キム・ギョンイ , イム・スクヒ（2014）。『信仰は持続することができるだろうか？』カトリック大学出版部。pp. 360-362。

8　Elias, J. L.（2005）."" Education for Peace and Justice." *Journal of Catholic Education* 9（2）. p. 164.

9　Groome. 前掲書 , p.363。

10　LEONIS XIII、韓国天主教主教会議、韓国天主教中央協議会（1891）。「新しい事態」（Rerum Novarum）。

11　キム・ミョンヒョン（2009）。「レオ 13 世とヴィオ 11 世の労働についての教え。」『カトリック神学』14、pp.196-199。

12　上記論文、pp. 202-203。

13　John XXIII. P.（1963）. *Pacem in Terris Peace on Earth：Encyclical Letter of Pope John XXIII* , America Press, p.163.

14　パク・イルヨン（08）。「平和実現のための宗教の役割—カトリックの修行を中心に—」『宗教教育学研究』28、p.86。

15　韓国カトリック中央協議会（2007）。『（第 2 次バチカン）公議会文献』（改訂版（第 3 版）。ed.）。

16　パク・イルヨン、上記論文、p.86。

17　上の文、p.88。パク・イルヨン（2015）。「平和教育のための宗教の課題－カトリック宗教教育の新しいビジョンを念頭に—」『宗教教育学研究』48、pp.18-19。

18　Groome, 前掲書 , p.204。
　　World Synod of Catholic Bishops,.（1971）, *Justice in the World*.

19　Elias、上記論文、pp.164-165。

20　韓国カトリック中央協議会。前掲書、p.241。

21 John Paul Ⅱ。P. & 韓国天主教主教会議、韓国天主教中央協議会。（1987）。
「社会的関心」(Sollicitudo reisocialis)。38-39 頁。

22 教皇庁・正義平和評議会、前掲書、p.368。

23 前掲書、pp. 371-372。

24 前掲書、p. 382。

25 前掲書、pp. 383-385。

26 前掲書、pp. 336-337。

27 前掲書、p. 384。

28 前掲書、pp. 366-367。

29 前掲書、p. 367。

30 前掲書、p. 367。

31 国立国語院標準国語大辞典【ウェブサイト】(2021 年 7 月 9 日)。
https://stdict.korean.go.kr/search/searchView.do?word_no=503049&search-
KeywordTo=3.

32 イ・チャンス（2016）、「平和概念の解体と再構成：平和多元主義の確立のた
めに」『平和と宗教』1, pp. 15-16。

33 ソ・ボヒョク（2019）、『韓国平和学の探求』。博英社。 pp. 32-33。
パク・ボラム（2020）、「平和教育におけるソーシャルメディアの活用方
法。『初等道徳教育』(2020. 1)、pp.199-200。

34 パク・ウソブ（2017）、「平和の概念研究－多様性と共通性を中心に」『中等教
育研究』65（2）、p.378。

35 上記論文、pp. 380-381。

36 キム・ビョンゴン（2020）、「ヨーロッパの知性史と平和認識の起源」『韓独社
会科学論叢』30（4）、p. 145。

37 パク・ウソブ、上の文、p. 386。

38 イ・サングン（2015）、「『安定的平和』の概念と韓半島適用の可能性」、韓国
政治学会報、49（1）、pp.133-135。

39 ハ・ヨンソン、チェ・サンヨン、ムン・ジョンイン、キム・ソックン、ハ・
ヨンソン、キム・ミョンソブ、ヘルド、ハン・ヨンソブ、ラン、イ・シンフ
ァ、シモーニデス、シン、ボールディング，ヒョン・インテク、ハム・テギ
ョン、カン・スンウォン、キム・ギジョン、イ・キボム、(2002)。『21 世紀
平和学』、ソウル：草色。p.111。

40 ソ・ボヒョク、前掲書、pp. 31-32。

41 アイルランドのダブリンに位置する Trinity College Dublin は、平和学で有
名で、世界中から様々な学生が学位課程のために集まる。特に紛争国家の学
生たちが集まって多様な議論を繰り広げられる。国際平和学に関する詳しい
情報は下記の International Peace Studies ホームページで参考できる（検索

日 :2022-07-13）。 https://www.tcd.ie/religion/postgraduate/ips/

42　Boulding, Kenneth E. (1978).　*Stable Peace.* Austin: University of Texas Press. p. 43.

　　イ・サングン、上記論文、p.138。

43　Galtung、Johan、カン・ジョンイル、チョン・デファ、イム・ソンホ、キ
　　ム・スンチェ、イ・ジェボン（2000）。「平和的手段による平和」、ドゥルニ
　　ョック、pp. 84-88。

44　イ・サングン、上記論文、p. 134。

45　Galtung、前掲書、pp. 424-437。

46　ソ・ボヒョク、前掲書、p. 27。

47　Senghaas、D、＆キム・ミンヘ、イム・ホンベ（2004）、『地上の平和のため
　　に：認識と推測』、アカネット、p.46。

48　上の本、pp. 37-43。

49　Reardon, B. (2020), *Comprehensive Peace Education* , カン・スンウォン 訳
　　（2021）、生活の場、p.75。

50　Francesco, P. (2015) , ＆ 韓国カトリック中央協議会（2021）。『賛美を受
　　けてください：共同の家の世話に関する会則（Lettera Enciclica Laudato
　　Si’）』。韓国カトリック中央協議会、pp.20-23。

51　キム・ヌリ、チャン・ハジュン、ホン・ギビン、チェ・ベグン、ホン・ジョ
　　ンホ、キム・ジュンヒョン、キム・ヨンソブ、＆イ・ジェガブ（2021）、「コ
　　ロナ・サピエンス、新たな跳躍」、インフルエンシャル、p.43。

52　パク・ボヨン（09）、「平和力量強化のための教育方案の探索」、『教育思想研
　　究』23（1）、pp.83-84。

53　国立国語院標準国語大辞典【ウェブサイト】（2023 年 11 月 29 日）https://
　　stdict.korean.go.kr/search/searchResult.do?pageSize=10&searchKey-
　　word=%EC%83%9D%EB%AA%85。

54　Groome, T.H., チョ・ヨングァン、キム・ギョンイ、ウ・ジョンウォン
　　（2021）、『生命のための教育』、カトリック大学出版部、p.369。

55　Aristoteles, B.C., ＆ チェ・ミョングァン（1984）、『ニコマコス』、瑞光寺。
　　Sandel, M. J. (2010). *Justice* (1st pbk. ed. ed.) , Farrar, Straus and Giroux, p. 187。

56　キム・ギス（1997）、「アリストテレスの『実践的知恵』と教育の実際」、教
　　育哲学、17、 p.32。

57　Sandel, *Ibid*, pp. 260-261。

58　教皇庁正義平和評議会、前掲書、202 項。

59　Sandel, *Ibid*, p. 261.

60　教皇庁正義平和評議会、前掲書、p. 171.

61 前掲書、pp. 169-170。

62 前掲書、pp. 171-172。

63 ソン・ソジョン＆チェ・ジュンギュ（2021）、「『暮らしを生かす』平和教育模型研究」、グローバル教育研究、13（3）、p.11。

翻訳／李瑞玄（イ・ソヒョン）

第3章

世俗化論の意義

寺林　脩

てらばやし・おさむ

元大谷大学教授。宗教社会学。1947 年大阪市生まれ。1971 年大谷大学文学部卒業。1976 年大谷大学大学院文学研究科哲学専攻博士後期課程満期退学。大谷大学真宗総合研究所所長、入学センター長歴任。主要論文「デュルケム社会学における正と死」、「オウム事件の社会学的一考察」、「地域文化としての宗教」など。

ジョン・レノンの名曲「イマジン」に次のような歌詞がある。「想像してごらん　国なんて無いんだと　そんなに難しくないでしょう？　殺す理由も死ぬ理由も無く　そして宗教も無い　さあ想像してごらん、みんながただ平和に生きているって」全く稚拙な理想論だろうか。

　戦争と関係が深い社会領域は政治である。とくに政治が宗教化するとき、あるいは宗教が政治化するとき、戦争と政治と宗教の親和性が非常にたかまる。そこで中心的役割を演じるのが国威発揚のナショナリズムであり、自民族中心主義である。宗教が政治や戦争と距離をとるためには宗教の世俗化（secularization）がポイントになる。つまり、近代化にともなう宗教の世俗化は宗教の個人主義化（individualization）であり、私事化（privatization）である。それこそ政治の宗教化や宗教の政治化に対するアンチテーゼになりうると考えられる。政治は人間関係や集団のコントロールにその本質がある。この小論では宗教の世俗化とグローバル化の展開に注目することで、世俗化論の再評価を試みる。

　20世紀後半の日本を含む欧米諸国において、宗教社会学の大きなテーマは「宗教の世俗化」である。21世紀になっての大きなテーマは「宗教のグローバル化」である。

　20世紀においても世界宗教の本質的あり方は普遍的にグローバル化であり、今日においても宗教の本来的あり方は個々人の内面的信仰であり、内心倫理であり、世俗的なものである。平易に言えば、宗教とは「私の安心立命」である。世俗化による個人主義化と私事化は宗教の本質への方向性に合致している。また、全ての世界宗教は寛容の精神を説いている。副次的には人々の共存共栄を願うことになる。現実的には一貫して世俗化とグローバル化が表裏一体化して、宗教は存在してきた。20世紀後半には世俗化が顕在化し、今日ではグローバル化が顕在化しているようである。とくに喫緊の課題は「グローバル原理主義」であり、「グローバルテロリズム」である。20世紀末以降、世俗化の付随現象であった私事化が脱私事化に変化するところに注目する必要がある。

第 3 章

　伝統的な社会から近代社会へ、宗教の役割が大きく変化してきた。伝統的な社会では、人々の生活が全面的に宗教あるいは宗教的なものに覆われていた。近代社会では、政治や経済、教育、科学技術、文化などが宗教以上の役割を果たしている。

　世俗化は宗教との関連で社会変動の全体を表す概念である。元来は歴史的な概念で、政治と宗教の分離を意味した。地域や時代の多様性は存在するものの次第に政治や経済、教育、科学技術、文化などの社会的事象の教会からの解放や、近代化に伴う宗教の社会的機能の衰退を意味するようになる。世俗化に注目されるのは、欧米では聖職を志願する人々が減少し、洗礼率や礼拝出席率のおちこみも顕著で、キリスト教の未来に対する危機意識が浸透してきたことが背景にある。

　1960 年代から 70 年代にかけて、欧米諸国では世俗化論が活発に展開された。神学者のハーヴィ・コックス（Harvey Cox）、社会学者・宗教学者のトーマス・ルックマン（Thomas Luckmann）やピーター・バーガー（Peter Berger）、ブライアン・ウィルソン（Bryan Wilson）らが当時の代表的な世俗化論者である。彼らの共通性は、世俗化によって宗教の社会的機能が衰退して（宗教の特化と合理化）、宗教の個人主義化や私事化が一般化するととらえる点である。つまり、宗教は多様化し多元化するととらえる。

　コックスはアメリカの 1960 年代から 1970 年代の著名なプロテスタント系の神学者である。1965 年刊行の主著『世俗都市』(*The Secular City*)は、全米学生キリスト教連盟の集会のためのテキストとして書かれた。近代化の進展にともなう都市化と世俗化の関りを中心にして、キリスト教神学の現代的課題が如実に表明されている。著作が出版されるやキリスト教界のみならず世界的反響があって、主要テーマである世俗化は一躍論争の的になる。とくに宗教社会学や宗教哲学において。

　1973 年刊行の『民衆宗教の時代』(*The Seduction of The Spirit*) では、神学

51

史における物語や記号としての宗教を論じ、民衆における宗教に言及している。さらに近代化、とくに都市化による世俗化によって金魚鉢的「部族社会」の拘束性や抑圧性から人間は開放されると論じる。

コックスによれば、世俗化とは欧米諸国の近代化論争や世俗化論争にあって、キリスト教界の一つの定義であり、神学的展望を示す歴史的な見方である。従来世俗化は宗教にとって危機とみなされてきたが、キリスト教は衰微し衰退するのではなく、世俗化が福音的観点から、肯定されるべきであるのみならず促進されるべきであると考えている。世俗化によって生活全般が個人主義化し私事化する傾向が強まるがゆえに、キリスト教徒の信仰の実態も意義も変化する。つまり、世俗化は無意識的で即自的な宗教意識を意識的で対自的な宗教意識に転換させる契機である。世俗化の時代こそ宗教の本来の姿や真価が発揮されるとする。コックスにとって世俗化とは人間が一人立ちできることの内容に対して与えられた名前であるともいう。

世俗化は価値判断のはいらない歴史の過程の一つの記述として用いられる場合と、歴史を世俗化の歴史として捉える、キリスト教徒に独自な神学的見解の場合がある。コックスにおいては後者である。世俗化は大衆化や低俗化を意味する世俗主義（secularism）の対立概念である。

（ハーヴィ・コックス著、塩月賢太郎 訳、『世俗都市』、新教出版社、1967 年、参照。同著、野村耕三、武邦保 訳、『民衆宗教の時代』、新教出版社、1978 年、参照。）

ルックマンはオーストリア出身の社会学者・宗教学者である。現象学的社会学の基礎を築いたドイツのアルフレッド・シュッツ（Alfred Schutz）に師事して、ドイツとアメリカで活躍した。ルックマンの現象学的社会学の立場は、相互主観のレベルにすべての現実構成の拠点をおくという理論的視覚をもって宗教の社会的性格を論じるものである。従来の伝統的な実証主義社会学の方法論ではなく、経験的・客観的データよりも論理的・概念的にとらえることによってある認識に到達する。多

第 3 章

分に知的直観的要素が含まれる。

1967 年刊行の『見えない宗教』（*The Invisible Religion*）は、欧米の宗教社会学に衝撃を与えた。1983 年には『見えない宗教』の続編として『現象学と宗教社会学』（*Life-World and Social Realities*）を刊行している。

ルックマンは、宗教を歴史的制度としての教会から解放して新たな宗教の概念を提起する。それは宗教を特定の教会指向型宗教とするのではなく、社会構造の多様な制度的分化によって生じた狭間の個人的領域における、個人的究極的意味体系によって選び取られた宗教である。哲学的人間学の立場による宗教の定義である。ルックマンは宗教を制度的特殊化としての宗教から、社会的形態を超えるラジカルに個人化された宗教ととらえる。したがって、世俗化を宗教の単なる衰退ではなく、教会指向型の宗教（見える宗教）から個人化された宗教（見えない宗教）という新しい形態への変化としてとらえる。

聖職志願者率や洗礼率、礼拝出席率などの量的減少という現象面だけで宗教の衰退を論じることはできない。近代化による資本主義的産業化や都市化は、ライフスタイルに変化を引き起こして人々の信仰生活にも大きな変化をもたらしている。哲学的宗教書の読書や個人的修養の瞑想や禁欲的生活などの行動は「見えない宗教」の典型である。自己と人生と世界についての究極的意味体系である宗教の、自律的に構築された私的宗教性が伸張するという。教会以外の宗教現象も探求していることから、個人の場における宗教が強調される傾向がある。ルックマンにとって宗教とは歴史的・社会的形態以上のものであり、個人にアイデンティティを与えるすべての客観的・倫理的意味体系のことである。宗教の概念がたいへん広く深くてとらえがたいという批判を受けることになる。

いずれにせよ、「見えない宗教」をいかに把握するか。従来行われてきた礼拝出席率などの見える指標を重視する宗教意識調査の在り方が根本的に問われることとなった。

（トーマス・ルックマン著。赤沼憲昭、ヤン・スィンゲドー 訳、『見えない宗教』、ヨルダン社、1976 年、参照。同著、ディヴィッド・リード、星川啓慈、山

中弘 訳、『現象学と宗教社会学』、ヨルダン社、1989 年、参照。)

　バーガーはオーストリア出身の社会学者・宗教学者である。ルックマンと同様に 1950 年代から 1960 年代にシュッツに師事し、大きな影響を受け、主にアメリカで活躍した。師であるシュッツの立場は主体的意味構成を問う自我論的性格が強い。1970 年刊行の『現象学的社会学』（*On Phenomenology and Social Relations*）に詳細に論じられている。

　ルックマンやバーガーはシュッツの立場を踏まえて主観的意味の客観化・現実化の弁証法的形成の解明を試みた。社会現象の客観化にも注意を払われている。バーガーの 1966 年刊行の『日常世界の構成』（*The Social Construction of Reality*）はルックマンとの共著であり、現象学的社会学の理論書である。バーガーは、本書によって一躍著名になった現象学的社会学者である。同時期の 1967 年刊行の『聖なる天蓋』（*The Sacred Canopy*）は、前掲書の論旨を宗教現象の体系的分析・歴史的分析に応用したものである。この著作の後半部で世俗化論は展開されている。

　バーガーにとって社会的現実とは社会的・共同的に構築され客体化された意味世界である。この世界を「ノモス」と呼ぶ。「ノモス」の周辺には「カオス」（混沌）が横たわっている。「ノモス」を宇宙論まで拡大した意味秩序が「コスモス」である。バーガーにとってこの「コスモス」が書名の「聖なる天蓋」である。宗教とはこの「コスモス」への想念であるという。

　「コスモス」は伝統的な宗教によって構築され維持されてきた、現実世界を超越的に意味づける神話や神学の世界観である。バーガーにとって世俗化とは、神話や神学の宗教的世界観のなかで包摂されていた社会と文化の諸領域が、宗教の制度や象徴の支配から離脱するプロセスである。その主要原因は近代化による資本主義的産業化である。現代人は自己と人生と世界を宗教的な解釈の恩恵なしに眺めるようになった。神話や神学の世界観である「コスモス」、つまり「聖なる天蓋」を現代人は失っていると強調する。バーガーはそうした現代人を実存的不安と混乱

の状況におかれて孤立感を深める故郷喪失者であるという。1973 年刊行の『故郷喪失者』(*The Homeless Mind*) はバーガーの近代化論であり、現代人の日常的意識の知識社会学的論考である。

　ルックマンとバーガーにとって、世俗化は現象的には伝統的な宗教の衰退であり、宗教の内心倫理化である。宗教の深化や純化の可能性とは裏腹に、宗教が単なる好みや趣味の問題になる可能性も指摘している。世俗化の個人主義化と私事化がもつ二面性である。

　(アルフレッド・シュッツ著、森川眞規雄、浜日出夫 訳、『現象学的社会学』、紀伊國屋書店、1980 年、参照。ピーター・バーガー著、薗田稔 訳、『聖なる天蓋』、新曜社、1979 年、参照。同著、高山真知子、馬場伸也、馬場恭子 訳、『故郷喪失者たち』、新曜社、1977 年、参照。)

　ウィルソンはイギリス出身の宗教社会学者である。イギリスとアメリカで活躍した。とくに少数派の宗教運動の調査を行い、セクト研究では世界的に著名である。セクト (sect) とは少人数で主体性を重視する封鎖的な結社的宗教集団である。個人的・体験的信仰の神秘的・呪術的儀礼を重視する。当時のアメリカの社会学を席巻していた理論優先の構造機能分析の社会学とは一線を画して、現地調査を重視する実証的宗教社会学を展開する。その成果として現実社会への態度を基準とするセクトの数種の下位類型を構築して、多様な新宗教運動の分析に有効な理論的枠組を提供した。例えば、クェーカー教団の研究ではセクトの変容過程を、革命型→内向型→改革型のプロセスとして示した。また、回心型セクトがデノミネーション化 (denomination 自発的に成立した宗教の教派) する傾向を明らかにした。

　ウィルソンは世俗化論の著名な提唱者の一人である。先に挙げたルックマンとバーガーは、宗教は近代化に伴う社会変動とともに姿を変えて、見えない宗教として現代社会でも未来社会でも人々に働き続けていくという。信仰生活における世俗化の意義を強調するのに対して、ウィルソンは現代宗教の変容を二点に要約する。伝統的宗教は衰退して社会

的統合的機能は失われていく一方、セクトが数多く形成されていくという。独立性の強いセクタリアニズム（sectarianism）、セクト的宗派主義の勃興である。チャーチ（伝統的な既成の正統教会）やセクトがかつてもっていた社会統合的機能は期待できず、宗教の復興や社会の再編成には役に立たない。

　ウィルソンの世俗化論は1976年刊行の『現代宗教の変容』(Contemporary Transformation of Religion) と 1982 年刊行の『宗教の社会学』(Religion in Sociological Perspective) において詳しく論じられている。世俗化の必然性を悲観的に強調する論調になっている。古い宗教的諸制度がその社会的意義を喪失し、しばしば非常に特殊な宗教的セクトが出現するようになる。

　ウィルソンは『宗教の社会学』の文末に、現代社会の状況を以下のように論じる。経済問題や政治問題、教育問題、家族関係問題など、すべての社会問題にとって要求される解決策は、非宗教的なものである。啓示や霊感ではなく合理的な道理が、カリスマ的行為や伝統的行為ではなくシステム化され機械化された操作が、かつてなく拡大している公的生活の領域で要請されている。しかし、合理的秩序の背後には何かを求める人間の不満が潜んでいる。小さな共同体での親しく人間愛に満たされた関係を望んでいる。セクト的新宗教集団が求められるゆえんである。

　（ブライアン・ウィルソン著、井門富二夫、中野毅 訳、『現代宗教の変容』、ヨルダン社、1979 年、参照。同著、中野毅、栗原淑江 訳、『宗教の社会学』、法政大学出版局、2002 年、参照。）

　世俗化論の展開とほぼ並行して、「近代化→世俗化→宗教の衰退」という直截な因果連関に対しては、欧米の宗教社会学者を中心にして批判や反論が高まる。1970 年代後半から日本を含む欧米では、宗教意識や宗教行動の調査結果は戦後続いていた脱宗教的傾向が宗教的傾向へ反転していることを示している。

　日本ではオイルショック（1973 年）以降、数多くの宗教教団が誕生した。また、この時期に教勢を著しく拡大する宗教教団も数多く現れた。

宗教や「精神世界」に関する書物が多数出版され、映画やアニメ、テレビ番組にオカルト的なものの流行が見られた。また初詣や合格祈願、水子供養、祭りなど、神社や寺院の参詣も 1970 年代後半から隆盛する。人間の精神性に関わるものへの関心の高まりである。それは社会や文化によって抑圧されて見失っている本来の自己を、宗教儀礼やもろもろの自己修養的行為である座禅や瞑想やセラピーの技法によって取り戻すことである。伝統的仏教教団や神道から派生した新宗教や、霊魂の存在や教祖の超能力や呪術を旨とする新新宗教に入信する信者が著しく増加した。宗教ブームであるとか、宗教回帰現象であるとか言われたゆえんである。

　世俗化論の本家であるアメリカでは、1980 年代以降、ファンダメンタリズム（fundamentalism　原理主義・根本主義）に象徴される宗教回帰現象が多く見られた。アメリカのファンダメンタリズムは百年来の伝統があり、盛衰を繰り返してきた。世紀末に向けて隆盛期に入る。

　他方、新霊性運動ともいうべきニューエイジ運動（New Age Movement）は、欧米、とりわけアメリカで 1970 年代以降にひろがった社会・文化運動であり、多様な信念や実践の総称である。源流は 1960 年代のヒッピーや公民権運動、ベトナム反戦運動にある。その流れを引き継いで、高度な資本主義的産業化による環境破壊や管理社会化を進める社会体制側の価値や規範に異議申し立てをする、若者の間でひろまった一種の対抗文化運動である。その中でも人間に内在するスピリチュアルなものを重視して、意識変容から社会変革につなげようとする。このような反体制的運動から様々なニューエイジ運動が注目されるようになる。ニューエイジ運動からスピリチュアルへの展開は、保守的なキリスト教信者の批判の的になる。世紀末にかけて新自由主義の高度な消費社会化や情報社会化に取り込まれて、次第に個人化した宗教的関心は「自分探し」や「自己実現」、「癒し」などの欲求充足的傾向を強めていく。

　冷戦体制の崩壊後、開発途上国やイスラーム社会、民族紛争地域などでは宗教的イデオロギーの政治化が著しい。人々は民族や歴史や宗教と

いった価値にすがって自分の生きる方向や居場所を見出そうとする。アメリカでは、伝統的なプロテスタントを中心とするリベラル・チャーチに復興現象は見られないが、超保守的な福音派やファンダメンタリズムは勢力をひろげる。

　そもそも、ニューエイジ運動の背景にあったファンダメンタリズムは、政治的・経済的な閉塞状況に起因する不透明な未来と、価値観の多様化を反映している。具体的には、リベラルな政策の行き過ぎやモラルの低下、家族の崩壊がある。社会的に何らかの疎外を感じている人々が聖書に絶対的価値を求め、聖書を字句どおりにファンダメンタルに狭く解釈し、聖書にすがろうとする。これが真実であり、正しいことであり、良いことであるとはっきり示してくれる教会や聖職者の教えに忠実に従う。世俗的ヒューマニズムやリベラリズムこそ忌まわしいものである。進化論や人工中絶、同性愛が厳しく批判され否定される。

　欧米や日本において、1970年代半ばから世紀末にかけて、ある新しさを持った宗教回帰現象が見られたことは確かである。脱世俗化論や再聖化論が俄かに高まり、世俗化論の脱神話化が云々された。しかし、先に述べた世俗化論が否定された訳ではない。宗教の社会統合的機能の衰退や、宗教の個人主義化・私事化によってこそ、世紀末から現代に続く宗教現象の錯綜が生じている。錯綜とは宗教教団や信仰者の三様のリアクションが存在したためである。宗教教団や信仰者が世俗化に対してうまく対応していこうとする場合、世俗化を克服し超えていこうとする場合、あるいは一層に伝統的宗教に回帰していこうとする場合などである。

　世紀末から現代にいたるアメリカでは、ファンダメンタリズムは決して多数派ではなく、少数派にとどまっている。多数派であるリベラル・チャーチからは、ファンダメンタリズムに対する批判が高まっている。日本を含む欧米では、今世紀に入って宗教回帰現象の終息的傾向が見られる。反対に、イスラーム世界をはじめ第三世界では宗教復興現象が高まる。

第 3 章

　1979 年のイラン・イスラム革命以降、非欧米の世界では伝統的宗教への回帰現象が現出している。原理主義の典型であるイスラーム過激派の活動が活発化してテロを引き起こしている。とくに中東から東南アジア、欧州を中心に頻発している。

　1975 年頃までは死者が 100 名を超えるテロはほとんどなかった。1980 年ごろからイスラーム過激派によるテロが徐々に増える。2000 年までの 25 年間で死者が 100 名を超えるテロは 10 件ほどである。大小合わせると 50 件ほどおきている。2001 年 9 月 11 日の同時多発テロでは死者が 3000 人以上、負傷者は約 25000 人を数える。いずれも過去最高である。グローバルテロリズムの典型である。2001 年以降今日まで死者が 100 名を超えるテロは 22 件を数える。大小合わせると 140 件以上おきている。2000 年以降のテロの 9 割以上を占めるのがイスラーム過激派によるものである。グローバル原理主義はグローバルテロリズムへと拡大の一途である。テロリズムは必ずしも全否定されるものではない。体制転換の契機になる場合がある。（ウィキペディア「テロ事件の一覧」参照）

　イスラーム社会は新自由主義的経済のグローバル化によって最大のダメージを受けている。政治的なイスラーム主義の運動が過激化する状況にあった。グローバルな世界では、もはや近代の資本主義的産業化や科学的合理主義によって宗教が単純に衰退するとは考えられない。今日では世界のネットワーク化によって世俗化論の個人主義化や私事化とは真逆の動きが顕著になっている。イスラーム主義はアラブ・ナショナリズムにも民族主義にも結びつく。ヒンドゥー主義も同様である。日本では国家神道を想起させる自民党中心の神道政治連盟や日本会議が保守主義のイデオロギーを体現している。

　前世紀から今世紀にかけて、近代化論の一環として濃淡はあれ世俗化について論じている著名な社会学者・哲学者は、ホセ・カサノヴァ（Jose Casanova）とユルゲン・ハーバーマス（Jürgen Habermas）、チャールズ・

テイラー（Chales Taylor）、ウルリッヒ・ベック（Ulrich Beck）らである。

　ホセ・カサノヴァはスペイン出身で、オーストリアやアメリカで活躍した現代を代表する宗教社会学者である。カサノヴァは 1994 年刊行の『近代世界の公共宗教』（*Public Religions in the Modern World*）において世俗化論を見事に整理している。要点は世俗化論に含まれる三つの命題を区別している。世俗的機能が分化していくという意味での世俗化、宗教が衰退していくという意味での世俗化、宗教がますます私事化するという意味での世俗化である。一番目は有効・妥当であるのに対して、二番目と三番目は必ずしも現実の社会現象に合致しているわけではないという。

　カサノヴァにとって 1980 年代は特筆すべき時代である。1980 年代を通じて世界中の政治的抗争の背後に宗教の介入が見られる。ユダヤ教やキリスト教、イスラームの各内部の原理主義同士が衝突した。さまざまな世界宗教同士やその内部の分派同士の歴史的反目が北アイルランドやユーゴスラヴィア、インド、旧ソビエト連邦にわたって再熱した。宗教的な活動家や教会は、解放やデモクラシーを求める闘争に関与するようになった。南米発の解放の神学は、アフリカやアジアの黒人解放やフェミニズム運動につながる。崩壊した社会主義の代替物としての活動であるといえる。政治の宗教化と宗教の政治化が一気に進んだ。

　1979 年のイスラーム革命、イランとニカラグアの革命、ロメロ大司教の暗殺、ホメイニの死去、東ヨーロッパへのポーランドの民主化運動「連帯」の影響、ゴルバチョフの教皇訪問、ハンガリーの改革派牧師からはじまるルーマニア革命、ソ連邦の崩壊へ続く 10 年こそ、宗教のヤヌス的二面性を示した。排他的で特殊主義的で原始的なアイデンティティの担い手の顔と、包括的で普遍的主義的で超越的なアイデンティティの担い手の顔である。過激な宗教復興運動である原理主義の台頭と被抑圧者の抵抗運動などは、無力的な者の台頭を告げるものとなった。

　しかし、カサノヴァによれば世俗化や宗教復興の周期論からすると、宗教的な諸伝統そのものがむしろ再活性化して公的役割を引き受けるよ

うになったにすぎない。大規模な政治的反乱を鼓舞する活力をもっているわけではない。世界中の宗教諸伝統が、近代化論や世俗化論に適合的な役割を拒否している。しかし、カサノヴァは本質的に宗教的である社会運動の中には、国家や市場経済の法秩序と自律性に異議を申し立てるものが現れてきているという。個人の宗教的・道徳的領域の再政治化と、経済的・政治的領域の再規範化をカサノヴァは宗教の「脱私事化」という。世界宗教の伝統においては、宗教は私的な領域に限られるべきとされてきたものであった。1980年以降の世界宗教においては、世俗化論のいう「私事化」ではなく「脱私事化」ととらえるべきであるという。

　さらにカサノヴァが言及するのは、近代化や世俗化における「公共宗教」である。1980年以降、宗教は公的領域に再登場してきたことを強調する。世俗化論の宗教の衰退に対して、宗教の復興がグローバルな趨勢のなかで行われているという。例えば、アメリカのカトリックは私的なデノミネーション（宗派）から公的な自己主張を行うデノミネーションへと変容してきている。プロテスタントのみならず、アメリカはじめスペインやポーランド、ブラジルなどのカトリックの事例研究によって、さまざまな公共宗教の存在を論じる。国家と結びつかないかたちでの宗教の「再公共化」・「再政治化」が、世紀末にかけて世界各地で目立つ。宗教は簡単に個人的な私的領域に閉じ込められない。宗教の影響を受けた社会運動が活発化し、とくに民主化に成功した国々ではカトリック信者が多数を占めている。近代化による世俗化によって諸々の社会的機能の分化は避けがたいが、世俗化論に合致しない現象も多い。近代化＝世俗化というテーゼに再検討を迫った。

（ホセ・カサノヴァ著、津城寛文 訳、『近代世界の公共宗教』、筑摩書房、2021年、参照。）

　ハーバーマスはフランクフルト学派の第二世代を代表する社会学者・哲学者である。フランスのジャック・デリダ（Jacques Derrida）ととも

に世紀末から今世紀の欧米思想界を代表する。彼らの論考は平易に要約すれば、他者を他者として受け入れ、相互の平等な対話による合理性の実現と真の秩序を希求する。そこには哲学から政治、経済、教育、宗教、科学技術、文化などの営為をとらえ直そうとする思索がある。後期のハーバーマスには宗教への関心の強さがうかがわれる。

2004年1月のミュンヘンにおいて、ハーバーマスと、後の前ローマ教皇ベネディクト16世であるヨーゼフ・ラッツインガー枢機卿との対話の中でのハーバーマスの言説は注目に値する。哲学と宗教の代表的二人の言説は、宗教を政治社会の中で正当に位置づける必要性が明らかになった現代における象徴的対話である。自由な国家における政治以前の道徳的基盤にまで言及している。2005年刊行の二人の対話のテーマである『ポスト世俗化時代の哲学と宗教』（*Dialektik der Sakularisierung*）からすると、ハーバーマスはポスト世俗化論者とすべきかもしれない。しかし、世俗化論を含む近代化論の一貫ではある。

ハーバーマスは、宗教の時代は終わったとか宗教の言説は無意味であると全く考えてはいない。宗教のテキストには啓蒙的理性が学ぶべきものが十分ある。啓蒙的理性とは、伝統的権威や制度に対して、人間理性をもとに宗教や政治、経済、教育などの改革によって人間生活の進歩改善を推進するものである。しかし、宗教だけが暴力への批判の可能性があるわけではない。生活世界における自由な対話や論議の枠内で、宗教にも重要な意味を認めている。

ハーバーマスは、宗教に現実世界に対して批判的である可能性を認めているが、あくまでひとつの源泉である。近代化した社会において成立した脱宗教的な日常生活の文化や対話や論議に、民主主義的な政治参加の要求に、またその透明性の要求にこそ、近代的システムの暴走に対する批判の可能性を見ている。

カトリック教会も、ハーバーマス的な結合の帰結である、対話や論議の生み出す規範性の多くはいずれ受け入れるだろう。一定の条件下での妊娠中絶や同性愛者間の結婚も。世界各地のカトリック教徒の動きと、

グローバル化する政治・経済においてデノミネーション化する宗教意識
と、原理主義的宗教集団との緊張関係は不確定要素であるという。

　翻って、国家や社会が硬直化しないためには公共圏における政治や経
済のシステムに対する生活世界からの批判が必要である。いずれにせ
よ、ハーバーマスは欧米流の政教分離が機能していることを前提に、民
主主義社会と宗教の共生を論じる。政治的意思決定に多様な宗教信者が
いかに関わるのか。どこまでも、公共圏における個々人の主体的な対話
や論議の活性化を強調している。

（ユルゲン・ハーバーマス、ヨーゼフ・ラッツインガー著、三島憲一　訳、『ポス
ト世俗化時代の哲学と宗教』、岩波書店、2007 年、参照。）

　チャールズ・テイラーはカナダ出身の社会哲学者・政治哲学者であ
る。コミュニタリアニズム（共同体主義）の理論家として世界的に著名
である。主著である 2004 年刊行の『近代―想像された社会の系譜』
(*Modern Social Imaginaries*) は、近代の核心にある、社会の道徳秩序に対す
る新しい思考が社会的想像としていかに全体社会にまで浸透したのか、
その近代の多様性の形成過程を論じる。

　近代化による世俗化の個人主義化と私事化が成り立つためには、国民
国家の法秩序によって人民主権の成立を基盤に道徳秩序が形成されてい
ることが前提である。テイラーはその歴史的プロセスを論じたうえで、
宗教に言及する。前近代から近代へ、政治が存在的な次元で宗教に依存
していた状態から解き放たれ、信仰と不信仰とがともに選択肢として両
立しうることになった。近代化による世俗化によって、公共生活のなか
に宗教のための新たな空間が開かれる。

　世俗的な現代世界にあって、神ないし宗教は公的空間から消え去っ
たわけではない。むしろ特定の個人や集団のアイデンティティの中心的
位置を占めている。それは政治的アイデンティティの決定的要素でもあ
る。政治的アイデンティティは特定の宗派への忠誠心からははっきりと
切り離すことが賢明なのかもしれない。宗教が多くの市民生活において

重要である場合、政教分離の原則は再検討される必要がある。政治的ア
イデンティティが特定宗教によって侵害される可能性があるからであ
る。形成されてきた近代自身の本質を宗教とのかかわりで問い直すこと
は、近代が直面する問題に真摯に対応することになるだろう。ある種の
ナショナリズムに見られるように公共空間に宗教的契機が入り込む余地
は常にある。信仰が個人化されながら、かえって公共空間に宗教が入り
込むという逆説に注目する必要がある。この点に最大限の重きを置いて
近代の政治をとらえる。テイラーが提起する最大の論点である。

（チャールズ・テイラー著、上野成利　訳、『近代―想像された社会の系譜』、
岩波書店、2022年、参照。）

　ウルリッヒ・ベックはドイツの社会学者である。ベックの主著である
2008年刊行の『自分自身の神』(*Der Eigene Gott*) は、翻訳では『私だけの
神』となっている。

　ベックを世界的に著名な社会学者にしたのは「リスク社会論」であ
る。20世紀後半に近代化を推し進めた科学技術の発展と著しい資本主
義的産業化は、意図せざる副次的結果として生態系の破壊や失業問題な
どの経済格差のグローバル化をもたらし、制御困難なリスクを恒常的に
生み出していく。現実の実態こそリスクである。近代化が近代化を切り
崩していく再帰的近代化である。『私だけの神』では、リスク化する世
界のなかで、グローバル・アクターとしての宗教の可能性を論じる。

　冷戦終結後のグローバル資本主義産業化の拡大の中で、世界各地で宗
教への回帰現象が見られた。再活性化の兆しは新たな摩擦と紛争の火種
になっている。西欧諸国ではキリスト教会離れが進行しているが、アフ
リカでは空前絶後の勢いで信者数が増加している。また西欧の宗教分布
に占めるイスラームの割合は急速に増加している。近代化による世俗化
によって社会の脱宗教化は自明と思われたが、現実は近代化と世俗化の
関係は非常に複雑で多様なものと認識されるようになった。21世紀に
なって「ポスト世俗化の時代」といわれるゆえんである。

64

第 3 章

　ベックは「リスク社会論」と「再帰的近代化論」、さらに「グローバル化論」に「コスモポリタン化論」を結びつけることでより普遍性のある社会変動論の構築を目指す。そして、世界宗教のコスモポリタン化と信仰の個人主義化を重ね合わせて「自分自身の神」というキーワードによって今世紀の宗教回帰現象を読み解く。

　宗教はその潜在的な暴力性を抑制して、世界の平和に貢献できるのか。ベックは戦争と暴力のはざまにある宗教、リスク化する世界のなかでグローバル・アクターとしての宗教の役割の重要性を強調せる。グローバル化の帰結であるコスモポリタン化としていかなる宗教に対しても寛容になることの可能性を提起する。世俗化論が当初から主張していた、世界宗教の社会的葛藤を制御しうる個人主義的な寛容の精神に個々人が目覚める、つまり世界宗教の超越的枠組みから内在的枠組みに変わるところに今後の宗教の可能性を見出している。大文字の宗教ではなく、小文字の宗教。制度や組織の宗教ではなく、個々人の信仰心による宗教。つまり、宗教の本来の姿を取り戻すことこそ、宗教が世界平和に貢献できる可能性を秘めている。非常に厳しい状況ではあるが、危機意識あればそれは希望である。

（ウルリッヒ・ベック著、鈴木直 訳、『私だけの宗教』、岩波書店、2011、参照。）

第4章

宗教の平和思想が韓半島の平和教育に与える含意[1]

車承柱

チャ・スンジュ

江原大学統一江原研究院客員研究員、公州教育大学と京仁教育大学講師。北朝鮮教育、統一教育、平和教育専攻。1978年韓国ソウルで生まれ、誠信女子大学 社会教育科を卒業、国立ソウル大学 倫理教育科で博士号を取得。春川教育大学講師、統一部長官政策補佐官などを歴任。『古い未来？ 1970年代の北朝鮮の再照明』(共著)、『金正恩時代、欧州連合と北朝鮮』(共著)、『紛争の平和的転換と韓半島：比較平和研究の理論と実際』(共著) などの単行本と約20編の論文を出版。

初めに

70年以上続いている韓国と北朝鮮間の複雑多岐な問題は「統一」という国内的・民族的観点だけでなく「平和」という国際・世界的観点からも解決策を探ることができる。ここ数年間、平和を最優先価値として掲げた文在寅（ムン・ジェイン）政府の韓半島（朝鮮半島）政策の影響で文在寅の在任期（2017~2022）に「平和」は韓国社会の重要なイシューであった。このような流れにしたがい、教育界でも平和教育に対する関心が高まった。これは統一教育にも影響を及ぼし、2018年に統一部の国立統一教育院で『平和・統一教育方向と観点』が発刊されて以来、統一教育の前に「平和」が結合された「平和・統一教育」の形が学校と社会教育を網羅し急速に広がった。

しかしこの「平和・統一教育」が教育現場でまともに適用される前に統一教育の性格と方向は再び大きな変化を経ることになる。尹錫悦（ユン・ソンニョル）政府の統一教育に対する認識変化のためだ。統一部は尹錫悦政府出帆以後、2023年3月に統一教育指針書である『2023統一教育基本方向』を発刊した。「平和」という単語が抜けたことが最も目立つ変化といえる。文在寅政府時代「平和」を強調した政府の統一教育が、これ以後は「自由民主主義」と「人権[2]」にもっと焦点を合わせるようになった。

程度の差はあっても、5年ごとに変わる政権の対北朝鮮および統一政策によって、統一教育の性格と方向、内容と方法などは大きく影響されてきた。こうした変化は教育現場に混乱をもたらすことはもちろん、むしろ韓国内での理念的葛藤であるいわゆる「南南葛藤」を誘発する要因にもなった。学校および社会教育現場で統一教育の立場がますます狭まり、統一に関する国民の無関心と否定的認識が広がる状況もまたこのような理由と無関係ではない。

このような状況で「積極的平和」概念に基づいた平和教育こそ代案

的統一教育として作用されると思われる。ヨハン・ガルトゥン（Johan Galtung）は平和の概念を論じる際、「直接的暴力の不在」を「消極的平和」とし、さらには戦争や暴力を発生させる根本原因が解消された状態での調和、統合、包容、多様性などが発現する状態を「積極的平和」とした。[3]今後、韓国の統一教育は「積極的平和」に基づいた平和教育に焦点を合わせなければならない。平和教育は長い分断によって引き起こされた様々な葛藤と暴力を平和的に解決し、ひいては韓半島の構成員たちが平和と統一を実現する力量を育てることができる、最も基本的で効果的な方法であるためだ。代案的統一教育として平和教育をより積極的に指向して実施すれば、社会構成員の平和力量を向上させ、社会全般に真の平和の文化を形成し、これを土台に韓半島に和合と統合の基盤がより一層強固に用意されると期待される。

　ところが、平和教育の概念と性格、具体的な実践形態は社会ごとに様々な様相を持って展開されてきた。韓国では1980年代から平和教育が研究され始め、現在は量・質的に飛躍的な発展を遂げているが、依然として外国の理論や思想、方法や事例に依存している場合が多い。韓半島の状況に当てはまる「韓半島平和教育」理論とモデルの開発が必要だ。そのためには何よりも「韓半島平和教育」の思想的土台を作ることが最優先である。このような過程で、まず平和を強調し平和を実現する上で重要な役割を果たす宗教の平和思想を調べることが、意味ある第一歩になるだろう。

　ゆえに本章では「韓半島平和教育」のための思想・文化的基礎を韓半島、特に韓国社会の構成員の思考と暮らしに多くの影響を及ぼした儒教、仏教、キリスト教の宗教的伝統の中で探ることにする。また、実際に葛藤と紛争に苦しんでいる世界の多くの地域で平和教育を通じて平和の文化を作り出し、平和を定着させている宗教界の努力した事例を挙げる。平和に関する主要宗教の思想と教えが「韓半島平和教育」の理論・思想的基盤になりうることを期待し、宗教の平和思想と宗教界の平和教育実践事例を通じて「韓半島平和教育」の方向と課題を考察しようと思う。

1 儒教と道教における平和教育の思想・文化的土台

儒教は基本的に平和の価値を強調する社会哲学である。儒教思想において平和とは和平のことで、和平とは天地万物と共に一体となることである[4]。孔子によると、平和には安寧と秩序が求められ、安寧とは生命の尊厳性を土台として人間生存の基礎的条件を充足して保障し、人間としての教養と品位を成就することを意味する。また、人権と人格を阻害し破壊する反人間的・反生命的行為に対しては拒否することである。これは仁道の発揚であり、正義の実現に他ならない[5]。

儒教の平和的志向は大同社会の理想でよく表れていると考えられる。大同社会の理想は、共に生きる原理に対する強調を基本としている。社会的弱者の痛みが優先的に配慮され、普通の人々の些細な要求も十分に受け入れられ、皆がその場で幸せな人生を営められるのが儒教で指向する平和の理想社会が持つ姿だ[6]。

また、儒教では修身を成した個人が政治を通じて共に豊かに暮らせる社会を成すために努力する過程を重視している。そしてそのための教育も重視され、教育は共同体維持のための基本前提であった。儒教での教育は修身から始まり、平天下に至るまでの過程で構成される。天下が太平になるのは、すべての人が幸せに暮らす社会を成すことをいう。孔子が言った仁や孟子が言った義、荀子が言った礼に至るまで、儒家で言及した数多くの徳目は人間が他人と共に生きる上で最も重要なことは何かを明かそうとしている[7]。特に儒教では人間を自然の一部と見なし、自然との調和のとれた共存と共生を強調しているが、これは今日のエコロジー・環境教育に多くの示唆を与えている。

2 仏教における平和教育の思想・文化的土台

仏教の平和は無我を基盤とした無差別的な愛に基づく。この無我の実

践は慈悲の形で表れ、具体的な実践方法は「八正道」で確認できる。八正道とは正しい見解（正見）、正しい考え方と心構え（正思惟）、正しい言語使い（正語）、正しい身体的行為（正業）、正しい生活（正命）、正しい努力と勇気（正精進）、正しい記憶と考え（正念）、正しい集中と瞑想（正定）を意味する。

　慈悲心を持って八正道に従う時、自分だけでなく他人の平和と幸福が実現でき、大小の葛藤や紛争も最小化できる。このような仏教の平和観は「非暴力」と「不殺生」の概念でも説明できる。このような非暴力を通じて暴力と葛藤の悪循環を断ち切り、関係を変化させ平和への一歩となる。この過程で必須的に要請される徳目であり実践がまさに慈悲である。

　また、仏教で言う涅槃とは真の平和と自由の境地に入ることを意味する。すべての執着から自由で平和な状態なわけだ。このような状態を他の言葉で表現したのが解脱である。つまり、平和は個々の人が正しい見解を持ち、知恵と慈悲を発揮してあらゆる次元で絶対平等を実現していく過程で行われる。このような仏教的立場で見ると平和教育は知恵を持たせる教育であり、省察を通じて二分法的な考え方から抜け出す教育にほかならない。[8]

　特に仏教で心の勉強としての慈悲行は「他人のために生きれば菩薩で、自分のために生きれば衆生」という命題で提示されているが、それ自体が平和教育の実践的方法としての意味を持っている。道徳的判断能力がまだ成熟していない子供たちにはもちろん、青少年や大人たちにまで様々な方式で慈悲行ができる機会が提供できれば、その分心の場が広い菩薩のような人々に会える機会が増える社会が可能になるだろう。

3　キリスト教における平和教育の思想・文化的土台

　平和はキリスト教の核心テーマであり、信仰者が追求する救いの実現にも繋がっている。旧約聖書で平和はヘブライ語「シャローム」に表現

され、230回以上登場する。シャロームは人間、民族、家族、共同体などが損傷されず、完全で安全に存在することを意味する。旧約聖書に書かれた平和は『単純に戦争のない状態をはるかに越えて、生命が充満していること』『神がすべての人間に与える最も大きな贈り物の一つ』であり、また『神の計画に対する従順を意味』し、神が下す「祝福の結果」である。したがって、神の贈り物である平和は「豊かさと安寧と繁栄と心の安定、そして充満した喜びを生む」救いの状態と言える。このような平和は『神の根本的な属性』なのだ。

　シャロームとは、個人的側面では健康で堅実な生、繁栄を謳歌する希望のある生そのものを包括する。この概念が共同体に適用されるときは戦争がなく平穏な状態を指示し、宗教的な意味では生の喜びと歓喜、救いを含蓄する。また、旧約聖書で言うシャロームは、人間だけの平和ではなく、動物とも親交を深め、互いに豊かさと健康を分かち合う意味も含まれている。したがって、シャロームは神の完全な生態系の平和を意味するといえる。

　新約聖書で平和は、ギリシャ語の「エイレーネー（eirene）」で表現され、約100回言及される。エイレーネーとは戦争が完全に排除された安定した状態を言う。特にイエス・キリストは山上の説教で非暴力を通じた暴力の克服、暴力からの解放と自由を核心的に力説した。これは、敵を愛することによる暴力からの解放と敵対感の克服にも通じている。敵を愛することは、最も完全な隣人愛の形であり、正義の形であり、私たちの人生の中で平和を実現する何よりも確実な方法である。

　一方、カトリック教会は教皇パウロ6世の提案で1968年から毎年1月1日を「世界平和の日」に制定し、法王が直接「世界平和の日の談話文」を発表してきた。これまでに発表された「世界平和の日談話文」に示された平和のための実践課題を簡略に整理してみると、正義を実践し、真理を追求し、自由を尊重する一方で、兄弟を愛すべきであるという。また、貧しく、苦しみ、疎外された人々に手を差し伸べ、人権を尊重し、対話と和解のために努力しなければならない。何よりも、すべて

の人々が平和問題を真剣に認識し平和に寄与できるよう、普遍的で大衆的な平和教育が必要である。[12]

カトリック教会は平和教育についても強調しているが、ローマ教皇ヨハネ・パウロ2世は「平和に至るにはまず平和を教えなさい」とした1979年の世界平和の日の談話に続き、2004年の第37回世界平和の日の談話でも「いつも平和を教えなさい」と説破した。ローマ教皇ベネディクト16世もまた2012年の第45回世界平和の日の談話のタイトルを「若者のための正義と平和教育」に決めた。これを通じて平和教育がカトリック教会の重要な課題であることが確認できる。

4　宗教による平和教育の実践事例

葛藤と紛争で苦しむ世界の多くの地域で直接平和教育を通じて平和の文化を作り出し、平和を定着させている宗教界の努力は、韓半島の宗教界を中心に実践できる平和教育モデルを構想する上で意味ある示唆点を提供するだろう。

1)　コロンビアの「SINE」司牧プログラムによる平和拡散の経験

「SINE」はメキシコ出身のアルフォンソ・ナバロ（1935~2003）神父が35年前に考案した司牧プログラムだ。「Systematic Integral New Evangelization」の略で、「新しい福音化のための体系的で統合的なシステム」を意味する。多様な教育とプログラムを通じて共同体にさらに活気を吹き込み、司祭と信者両方のキリスト人としての使命を強固にすることに焦点を置いている。サクラメントだけを管理したり消極的な司牧に止まったりせず、初期教会信者たちが享受した福音の躍動性を生かすことに主眼を置いた、新しい司牧パラダイムを提示する総括プログラムである。[13]

現在、メキシコ、コロンビア、ブラジル、アルゼンチン、アメリカなど約24ヵ国でこのプログラムを導入し、司牧に適用している。最も活

発な成果を見せているところがコロンビアカトリック教会で、現在80教区のうち45教区がSINEを活用して各本堂共同体が活性化される効果を得た。コロンビア教会の統計と牧師の証言によると、このプログラムに参加した信者たちは明確なキリスト人のアイデンティティを確立し一層成熟した信仰人に生まれ変わり、司祭たちも一緒に聖化される効果を得たと言う[14]。

　SINE司牧プログラムの目的は、福音化を通じた神の国の建設である。すべての人々が神の愛を体験し、共同体的生を生きるように導くのがSINEの理由だ。SINEは大きく3段階に分かれ、第1段階のケリグマ（福音宣布）→第2段階のコイノニア（一致、持続的分かち合い）→第3段階のディアコニア（奉仕、共同体聖火）」の過程で行われる。第1段階では、体系的な教育を通じて行われ、洗礼聖使と堅信聖使の更新が起きる福音化被情過程を経ることになる。第2段階は共同体を形成するための過程を意味する。第3段階は第1、2段階を経た共同体が真の共同体として成長し続けられるように助力する過程だと言える[15]。こうした過程で地域共同体の健全性が自然に高まり、カトリック信者を中心に人々の間で平和の文化が広がる結果も期待できる。

2）フィリピンの平和教育の経験

　フィリピンのミンダナオ島は、カトリックとイスラムの40年間の流血紛争地域で14万人以上が死亡した、アジア紛争の象徴とも言える場所だ。このミンダナオの平和を構築するための宗教界の主要活動には、カトリック指導者とムスリム指導者の間の対話フォーラム（BUF:Bishops-Ulama Forum）、西部ミンダナオの対話運動であるシルシラ対話運動（Silsilah Dialogue Movement）、そして彼らの 対話運動と平和教育および指導者訓練を支えているカトリック救護奉仕会（CRS:Catholic Relief Service）などがある[16]。

　特に、ミンダナオ宗教指導者の間で始まったフォーラムであるBUF（Bishops-Ulama Forum）は、次第に各地域の共同体に広がり、他宗教に

向かって持っている否定的な経験と偏見に固着された人々の不安と恐怖
だけでなく、各宗教内の根本主義反対勢力を弱化させるのに寄与した。
BUF は 2003 年より BUC（Bishops-Ulama Conference）に名称が変更され
た。また、初期にはカトリックとイスラムの指導者を中心に始まった
が、後にはプロテスタントの指導者と土着部族連合の代表も大勢参加す
るようになり、次第に対象を広げていった（ファン・ギョンフン、2015）。[17]

　この対話フォーラムは毎四半期ごとに平和の文化増進のための共同の
関心事領域をテーマに集まり、平和・秩序・文化間の連帯に対する地域
的問題を扱うために主要都市と地域で地域対話フォーラムを開催および
支援し、各平和センター、学校、NGO と共に共同体に基づいた平和ワ
ークショップを実施し、学校教科課程で平和教育を導入するために連帯
している。[18] まだ葛藤と紛争が続いているとはいえ、ミンダナオ住民たち
の葛藤と犠牲を昇華させた平和教育の経験は、フィリピン全域にわたっ
て学校教育だけでなく地域社会全体に影響を及ぼしている。

3）韓国カトリックソウル大教区民族和解委員会

　カトリック・ソウル大教区民族和解委員会は 1995 年に設立されて以
来、民族の和解と一致のための祈祷運動、北朝鮮地域教会の再建と再福
音化の準備および実行、韓半島平和のための教育および研究、北朝鮮に
対する人道的支援、南北カトリック教会交流を主要事業として実施して
いる。特に 2015 年には韓半島平和のための教育および研究するために
付設研究所である平和分かち合い研究所を設立した。

　カトリック・ソウル大教区民族和解委員会とその傘下の平和分かち合
い研究所が進めている韓半島平和のための色々な事業の中で最も注目す
べきプログラムは 2016 年から今まで毎年実施している「韓半島平和分
かち合いフォーラム」と「DMZ 国際青年平和巡礼」と言えるだろう。
まず、「DMZ 国際青年平和巡礼」プログラムは韓国と世界の若者たち
が集まり戦争の痛みと依然として進行中の紛争の緊張の中でも新しい平
和の種が芽生える DMZ を歩きながら平和に出会い、体験し、共に平和

の風を広めようという趣旨で企画された。毎年 70 人余りの国内外の青年たちが「平和の風（wind of peace）」をスローガンに掲げ、共に戦争と葛藤、分裂と差別で苦しむすべての所で真の平和を実現できる日を夢見て、平和を共に考えながら歩んでいる。[19]

　次に、「韓半島平和分かち合いフォーラム」は世界唯一の分断国家として残っている韓半島で、国家・民族・宗教間の紛争で脅かされている地球村の平和の現実を診断し、紛争と葛藤の現場で平和を守るために努力する宗教指導者および碩学たちが共に韓半島平和定着のための解決法と平和な国際秩序を構築する知恵を模索する場所である。「韓半島平和分かち合いフォーラム」は 2016 年 8 月に「平和の道、韓半島の道」をテーマに初めて開催された。その後、2017 年には「正義と平和、韓半島の道」、2018 年には「人間の尊厳と平和、韓半島の道」、2019 年には「平和の文化、韓半島の道」をテーマに世界中の紛争と葛藤地域で活動している宗教指導者と学者、活動家を招きフォーラムを開催した。2020 年から 2022 年までは新型コロナウイルス感染症の拡散により国内学術会議形式で開催し、2023 年には「韓半島和解と平和に至る道」をテーマに国際フォーラムが開催された。平和分かち合い研究所は今後もフォーラムを通じて平和のための全世界の連帯構築と韓半島および世界平和建設のために努力することを明らかにしている。[20]

４）大韓仏教曹渓宗民族共同体推進本部

　大韓仏教曹渓宗民族共同体推進本部は、仏の慈悲精神を土台に、分断による対決と不信の歴史を和合と平和、統一の歴史に変えるために 2000 年に創立された曹渓宗の宗領機構である。民族共同体推進本部は南北仏教の同質性回復のために南北仏教交流を推進する一方、研究調査を通じた曹渓宗の統一政策樹立、北朝鮮に対する人道的支援事業などを推進することで南北が一つになる民族共同体の形成に寄与することを目的に活動している。

　特に平和教育として定期的に月例講座、民族共同体仏教指導者課程、

76

第4章

北中接境地域平和祈願巡礼、南北仏教交流活性化のための座談会および
討論会などを行っている。特に 2023 年 12 月には「仏教平和統一アカデ
ミー：ピースメーカー養成課程」を実施した。この中で注目したいプロ
グラムは、定期的に実施されている月例講座である。定期的に特別講演
を行うことによって様々なテーマで南北間の情勢に対する客観的情報と
統一に対する未来指向的な見解が提供され、本来は毎月開催することで
企画されたが、コロナウイルス感染症の拡散により、ここ数年間は毎月
は開催されていない。4 月 20 日に「4.27 板門店宣言 6 周年記念『金浦
国境平和巡礼』」をテーマに第 85 回月例講座が開催された。[21]

5 「韓半島平和教育」の性格と方向

「韓半島平和教育」を模索し実践する過程で普遍宗教の平和思想と教
えが多くの含意を与えるだけでなく理論・思想的基盤にもなりうるだろ
う。これまで見てきた主要宗教の平和および平和教育思想と国内外での
平和教育経験を持って韓半島平和のための教育である「韓半島平和教
育」の目標、内容、方法を次のように提示しようと思う。

第一に、「韓半島平和教育」の目標は「正義と愛」でなければならな
い。平和とは「正義の実」であり「愛の実」である。キリスト教での平
和の実践は正義の実現であり、具体的な手本にはイエスが自分を無にす
ることで愛を完成させたこどがある。仏教での平和も無我を前提した無
差別的な愛に基づいている。[22]ゆえに、平和教育の目標は正義と愛でなけ
ればならない。「愛の実」としての平和は、他人を配慮し、隣人の困難
を分かち合う兄弟愛の実だ。

第二に、「韓半島平和教育」の核心内容は許しと和解でなければなら
ない。許すことは愛、和解は正義とそれぞれ繋げられる。許しはキリス
ト教の核心的教訓であり、仏教も永久の平和を希求しこれを実現するた
めにただ一つの道を提示するのが、ほかでもない許しである。次に和解
は基本的に関係の回復または復元の意味が含まれている。新約聖書の平

77

和は和解と関連した表現が多いが、聖書は和解と許しを通じてキリスト教徒は平和の使徒になり、神の子らしい真の幸せを享受できると宣布する[23]。

　第三に、「韓半島平和教育」の方法には対話と連帯が考えられる。仏教の教育方法において対話が占める重要性は非常に大きい。釈迦牟尼はいつも一方的に宣言や命令するのではなく、互いに尋ねて答えながら対話する中で自ら理解し、目を覚まし、感じさせた。これにはお互いが心を開いて相手の話に傾聴する姿勢が求められる。また、適切な質問とその反応に対し真実かつ受容的な姿勢が必要である。むろん、その過程には相手の意見を正確に理解する能力も備えなければならない[24]。次に、連帯はすべての存在が互いに依存的関係を結んでいると見る仏教の基本教理である縁起観を通じてその意味を導き出すことができる[25]。

　以上のように、「韓半島平和教育」をより積極的に提案して実施すれば、社会構成員の平和力量を向上させ、社会全般に真の平和の文化を形成し拡散させることができるだろう。この過程で宗教界が平和教育の主体となり、許しと和解の上で分断による個人および社会の傷と葛藤を癒し、回復するのに寄与するなら、韓半島に和合と統合の基盤がさらに強固になると期待する。

注記

1　本章はチャ・スンジュ（2022）、「宗教の平和思想が韓半島平和教育に与える含意」、「人文社会21」第13巻4号、pp.3257-3271（韓国語）に載せられた論文を修正および補完して作成しました。
2　この時の人権は、主に北朝鮮の人権を意味する。 韓国の統一教育で扱う人権関連の内容は、大半が北朝鮮の人権侵害の実態、または劣悪な北朝鮮の人権状況に焦点を合わせている。
3　ソ・ボヒョク、カン・ヒョクミン、『平和概念研究』（ソウル：祀る人々、2022）、p.33。（韓国語）

第 4 章

4 キム・グクヒョン、『統一教育の新しいパラダイム』（高陽：人間愛、2004）、
 p.339。（韓国語）

5 イ・ドンジュン、「儒教のインド精神と平和思想」、ソウル平和教育センター
 編、『平和、平和教育の宗教的理解』（ソウル：明日を開く本、1995）、p.199。（韓
 国語）

6 クォン・ジョンアン 、『留学における豊かさと平和の意味』、『漢文古典研究』、
 第 30 号、2015、p.392。（韓国語）

7 チャン・スンヒ、『儒教と道徳教育の出会い』（済州：済州大学校出版部、
 2014）、pp.362-366。（韓国語）

8 パク・ソンヨン、「仏教と平和教育」、ソウル平和教育センター編、『平和、
 平和教育の宗教的理解』（ソウル：明日を開く本、1995）、pp.65、80、117-
 118,124-126。（韓国語）

9 パク・ジョンウ、「カトリック教会の平和論とキリスト教徒の実践」、平和分
 かち合い研究所編、「カトリック教会平和論と平和思想」（ソウル：カトリッ
 クソウル大教区民族和解委員会平和分かち合い研究所、2018）、pp.14-16。（韓
 国語）

10 パク・チュング『宗教の二つの顔：平和と暴力』（ソウル：ホンソン社、
 2013）、pp.53-64。（韓国語）

11 ユ・ソクソン、「平和と福音の喜び」、「（カトリック）神学と思想」、第 73
 号、2014、pp.123、167-172。（韓国語）

12 キム・モンウン、「平和に関する近代カトリック教会の教え」、ソウル平和
 教育センター編、『平和、平和教育の宗教的理解』（ソウル：明日を開く本、
 1995）、pp.260-263。（韓国語）

13 キム・サンイン、「新しい福音化のための方案研究 - コロンビア SINE を中
 心に」、「ヌリとお言葉」、41 号、2017、pp.78-87。（韓国語）

14 イ・ジョンフン（2015）、「SINE、神様の愛に導く道しるべ」、「カトリック
 平和新聞」（2 月 8 日、https://www.cpbc.co.kr/CMS/newspaper/view_body.
 php?cid=553568&path=201502, 2022.07.25. 検索）（韓国語）

15 キム・サンイン、上記論文、pp.78-90。（韓国語）

16 キム・ビョンソ、パク・ソンヨン、「フィリピンの政治的宗教葛藤と平和模
 索」、ユネスコアジア太平洋国際理解教育院、『アジアの宗教紛争と平和』（ソ
 ウル：図書出版オルム、2005）、pp.67-68。（韓国語）

17 キム・ビョンソ、パク・ソンヨン、前の本,pp.68-69.；ファン・ギョンフン、「ア
 ジアの平和と宗教間対話：FABC の対話努力を中心に」、『神学展望』、第 189
 号、2015、p.66。（韓国語）

18 キム・ビョンソ、パク・ソンヨン、前掲書、pp.68-69。（韓国語）

19 カトリックソウル大教区民族和解委員会ホームページ（http://www.camin-

79

jok.or.kr/main.php, 2024 年 05 月 02 日検索）（韓国語）　参照。

20　カトリックソウル大教区民族和解委員会平和分かち合い研究所ホームページ
　　（http://sharepeace.net/main.php, 2024 年 05 月 02 日検索）（韓国語）　参照。

21　大韓仏教曹渓宗民族共同体推進本部ホームページ（http://www.reunion.
　　unikorea.or.kr , 2024 年 05 月 02 日検索）（韓国語）　参照。

22　チェ・ジョンソク、『仏教の宗教学的理解』（ソウル：民族社、2017）、p.112。
　　（韓国語）

23　パク・ジョンウ、前掲書、2018、pp.17-18。（韓国語）

24　パク・ソニョン、前掲書、p.121。（韓国語）

25　チェ・ジョンソク、前掲書、p.165。（韓国語）

翻訳／李瑞玄（イ・ソヒョン）

第二部

平和構築の現場

アジア宗教平和学会のようす
(2023年11月 於正泉寺)

第5章

ファシズム政治と宗教

梁権錫

ヤン・グォンソク

聖公会大学名誉教授。1957 年韓国山清で生まれ、韓国航空大学で電気通信学科を卒業、韓神大学で神学修士号を、イギリスのバーミングハム大学（University of Birmingham）で聖書解釋学で博士号を取得。1997 年から聖公会大学教授、神学大学院長、副總長、總長を歴任。『脱植民地主義聖書批評』（訳書）、『あなたたちの神国』（共著）、『ウイルスにかかった教会』（共著）、『戦争を越えて平和』（共著）、『ウイルス、パンデミック、そして教会』（共著）など多数の論文を出版。

1 危機と転倒した応答

　大絶滅の警告を含め、今日は人類の未来に対する黙示的展望にあふれた時代である。国連の報告書によると、気候変動とそれに伴う食糧や水の不足による気候難民の数が1億を超えている。気候危機による葛藤と戦争が20世紀の戦争とは比べ物にならない規模で人命を犠牲にするという暗い予言が出ており、気候変化とそれに伴う危機により地球的政治経済体系が耐えられない状況に展開されることを恐れる声が高い。気候危機とともに人間文明の危機が現実化されているのである。

　しかし、危機をあざ笑うかのようにウクライナとパレスチナでは戦争が続いており、無慈悲な民間人虐殺が躊躇なく行われている。国家や集団の利益のためなら、人間生命の尊厳性くらいはいくらでも無視できるという態度が広まっている。戦争と暴力が当然で正当な手段と見なされ、時には宗教的に正当化されることもある。さらに、帝国間での覇権争いは世界を敵と味方に分け、人々の政治・道徳的判断を陣営論理で麻痺させ、自分の利益のために作り出した敵に対する敵愾心と憎悪心で団結するように要求している。世界各地で民族主義、保護貿易主義、人種主義、嫌悪主義が強化され、下からは多様な形のファシズム性向の大衆運動が起きており、極端主義的ポピュリズム勢力が政治権力の前面に登場している。危機を前にした人類は、なぜこのように転倒された応答を出しているのだろうか。なぜ大衆はその転倒的な反応に引き込まれるのだろうか。このような転倒された応答はどこから来て、どうやってそのような大きな力を得るのか。本稿はこのような質問から始まった。

　そのような極右ポピュリズム政治やファシズム政治の登場に対し、多くの人々は宗教の役割に注目している。例えば、虐殺劇を行っているイスラエル極右政権は、宗教と極右ファシズム的政治が結合した典型的な例である。アメリカにおいて根本主義的なキリスト教と右派政治が結合している現象については、すでによく知られている。ヨーロッパの場合、

第 5 章

宗教の役割が決定的だとは見えないが、右翼ポピュリズム政治が政治舞台の前面に登場する様子を見せており、彼らのファシズム的性向を憂慮する声が非常に高い。韓国でも宗教と右翼政治の結合は歴史的にも決して珍しい現象ではないどころか、非常に現在的である。したがって、本稿の具体的な目標は、私たちの時代の平和を脅かす重要な一現象として、極右政治と宗教の結合を批判的に検討することで、逆に平和のための宗教の役割をより積極的に探そうと努力することである。

　まずファシズムという用語についてあらかじめ説明しておこうと思う。ファシズムの辞書的定義は、第一次世界大戦後、イタリアとドイツで登場した、極端な民族主義を主張し、民主的秩序を否定した大衆政治の形態に関するものである。しかし、本稿で使うファシズムは、そのような辞書的定義には従わない。前世紀のファシズムと現代の宗教と極右政治が結合した大衆運動あるいは大衆政治は、その原因や様相の面でも多くの違いがある。だが、資本や政治権力の欲望が自発的な大衆運動と結合し、宗教と政治権力と資本が結合する様相を見せるという点で多くの類似性を持っているのも事実である。過去と現在の現象が持つそのような違いと類似性を考慮しながらも、今の宗教と極右政治の結合現象がまだ非常に流動的で潜在的だという点を明確にしながらファシズムという用語を使うのが正しいと判断する。明確にファシズム的現象で現れると思いきや、全く違う形で現れる場合もある、まだ正確なアイデンティティーを出しておらず、現実化されていない可能態あるいは潜在態としてのファシズムを語ろうとするのである。そのような点で、この文で言うファシズムは「ファシズムの幽霊たち」（spectres of fascism[2]）や「熱望的ファシズム」（aspirational fascism[3]）のような概念が意味するファシズムにより近い。初期的で、それでまだ現実になる前の潜在的状態あるいはその境界線にありながら、現実に現われたり、また隠れたりするようなファシズムである。

2　ファシズムの状況と兆候

　極右政治と宗教の結合が結局は政治、経済、社会的危機に対する大衆の応答の一形態ならば、そのような結合あるいは応答の持つ意味を理解するためには、まず危機の内容をより具体的に把握する必要がある。言い換えれば、政治と宗教のファシズム的結合を可能にする条件とそのような結合の兆候を調べることが重要である。

（1）共通基盤が揺れる危機である

　ますます現実化されつつある気候危機の状況で、人新世（Anthropocene）と資本新世（Capitalocene）など地質学的時代の区分を問題視する議論が活発になっている。しかし、このような議論は地質学的時代の区分以上の意味を持つ。完新世（Holocene）、沖積世または現世と呼ばれてきた地質学的時代には、決定的な矛盾なしに人間の文明世界が地球という惑星に依存して自分を発展させることができた。ところが、今になって地質学的時代の区分を異にしなければならないということは、地球と人間世界の関係に問題が生じたという意味である。マイケル・ノースコートによれば、今の気候危機は人間が地球という惑星の限界を全く考慮せずに地球と自然を搾取してきた結果であり、地球惑星と人間文明の関係に対し根本的に誤った仮定あるいは前提が呼び起こした危機である。それで逆説的に気候危機は今まで私たちから隠されていたり、もしくは私たちが目をそらしてきた地球惑星の基礎と構造が暴かれただけでなく、人間世界と文明の誤った前提と構造を暴露する。キャサリン・ケラーによると、今の危機は人間が作ってきた文明世界に対する地球の歓待がこれ以上維持できないことを意味する。地球の地質学的土台と人間文明の間にはいかなる根本的な矛盾もありえないという暗黙的な仮定が揺れ、人間文明の無限な発展という、無責任に前提された楽観が崩れているのである。

第 5 章

　しかし、地球と人間文明の間の誤った関係を、最終的な決別を暗示する黙示的終末の前兆として読むことは、宗教的教理の自己充足的成就という意味はあるかも知れないが、非常に利己的で無責任な解釈である。むしろ、ずれた関係を新しい関係に変化させようとする要請として読まなければならないだろう。しかし、地球と人間世界の関係が変化する過程、すなわち、人間世界の枠組みや図式が変化する過程は問題なく自然に起きる過程ではない。使徒パウロが言ったように、今までの私たちが享受した既得権を手放す苦痛と新しい秩序を立てる手間が伴わざるを得ない（コリントの信徒への手紙一、7 章 31 − 32 節）。それで必要なのは、変化に向けた苦痛と手間を共に耐えながら進むことができる連帯の力である。しかし、現実は我々の期待とは違う。一方では今の生をぶれなく維持できるという盲目的な信念が人々の情熱を動員しており、もう一方では生そのものに対する虚無と絶望に満ちている。

　危機の深刻さに比べれば、変化のための努力は非常に消極的であるだけでなく、非常に不平等に展開されている。そのため、大衆は問題の解決のために積極的になるよりは、虚無と無気力を表わす場合がさらに多い。このような消極性や無力感の原因は、その危機が単純に個人や社会が耐えるにはあまりにも巨大なために生じる個人心理的あるいは社会心理的問題だけではないだろう。むしろ、今までの特権をあきらめずに維持しようとする既得権の欲望の前で、大衆が感じる挫折と見なければならないだろう。危機と変化の要求は皆に平等に迫ったものの、危機にともなう被害と変化に向かって耐えなければならない苦痛は、非常に不平等な方式で処理されている今の世界秩序から来る悲観と絶望である。このような大衆の深い絶望感と虚無感が気候危機の実在を否認しようとする態度で現れたり、脱世界的な宗教的終末論に向かって逃避したり、不確実性の原因をとんでもないところに回して怒りと憎悪心を爆発させたりするのである。

87

（2）資本主義のナルシズム的展開

　人新世とともに気候危機と文明危機を表現するもう一つの名が資本新世（capitalocene）である。資本新世を主張する人々の立場から見れば、危機の原因を提供する程度やその結果を抱え込む程度が人種的、性的、階級的、そして地域的に非常に異なる。ところが、人類全体あるいは人類文明全体に原因を転嫁し、結果に耐えろと要求する「人新世」は問題の診断と解決という側面では当てはまらない。そしてハラウェイの立場から見れば、人新世は問題の原因と解決策を人間と地球という二つの区別された実体の間の関係に基づいて探している。人間と人間文明と地球上のすべての有機体と無機体の絡み合った関係と彼らの間の共生的関係を見させるよりは、外部の影響なしに自ら自分を作っていく自己生成的（autopoietic）体系のように人類文明と人間社会を見させる。[7]

　人新世に対するこのような批判に基づいて、「資本新世」は資本主義的生産様式のナルシズム的性格を問題の中心に置く。すなわち、化石燃料を含む自然と他の人間に対する搾取に基づいて無限成長を追求しながらも、それがもたらす長期的な影響を考慮しない資本主義的生産様式に危機の根本原因があると見るのである。このような資本新世議論が指している核心内容は、結局地球の生と人間の経済的生が互いに敵対的矛盾を起こしているというのである。ナオミ・クラインによると、「私たちの経済体制と私たちの惑星体系が今戦争中である。あるいは、より正確に言えば、私たちの経済が人間の生活を含めて地球上の数多くの生命形態と戦争している。[8]」このような状況で必要なのは当然、資本主義の経済秩序の変化である。だが、資本主義経済モデルが「崩壊を避けるために要求するのはどんな妨害も受けない拡張である。」それで地球惑星体系と人間の経済秩序が共存不可能な矛盾を表わしている状況がまさに今の危機である。

　だが、明白な矛盾にもかかわらず、資本主義市場経済秩序の自由と合理性に対して資本が持っている信念は、非常に神話的でナルシズム的である。この信念の内容を見れば、第一は、人間の倫理的責任性ではなく、

第 5 章

市場だけが自由で自発的な自己組織化過程を示す最も合理的な秩序であるという信念である。一種の市場ユートピア主義といえるだろう。第二に、市場だけが自由で自発的な合理的組織化過程が起きるところだという信念に基づいて、市場の自由と消費者の自由を人間の自由と同一視する。それで市場の自由を統制することを人間の自由に対する抑圧と見なす。第三に、人間の生活が市場の自己組織化過程だけでは成り立たない多様な物理的、生物学的、社会的自己組織化過程が複雑に絡み合って維持される関係という事実を無視し、地球上のすべての生物と無生物の生を市場価値を基準に還元する。このような市場ユートピア主義の中には、市場の自由と合理性の実現こそ人間の自由の実現であり、すなわちすべての被造物の地球的共存の実現という宇宙論的前提が含まれている。

　ところが、このような市場ユートピア主義が限界に直面する度に、資本主義市場経済が見せた応答は、そのユートピア主義を盲目的な根本主義のように強化させることであった。そのように、政治的民主秩序を破壊し、市民社会をポピュリズム的に歪曲し、市場と資本を中心に政治と市民社会を再編しようとするファシスト的な試みを続けてきた。1930年代、市場ユートピア主義が大恐慌によって危機に瀕した時、政治権力と産業資本と自発的極右市民集団が結集して民主的秩序を破壊し、人種主義的民族主義や軍事主義、そして敵対的な戦争政策などを通じて危機を突破しようとしたことを覚えて置く必要がある。すでに多くの資本主義批評家が展望した通り、危機の状況で資本は政治的、経済的、社会的民主化過程を全て犠牲にしてでも、自分の慣性を守ろうとする強力な意志を表出する。

　危機の前で自分を変化させるよりは、自分を中心にしてより強力な同盟を構築し、自身の既得権を維持しようとする遅延戦術を展開することが資本主義体系の重要な属性であることが確認された。そして、このような既得権維持の欲望と遅延戦術が資本主義の市場ユートピア主義をファシスト的資本主義に変化させる可能性はいくらでもあるのである。経済的不平等の深化、それにともなう社会不安の増加及びポピュリズム

と極端主義傾向の強化される現象、気候難民と移住民の増加を防ぐために国境をより徹底的に封鎖する強圧的で暴力的な試み、民族主義的で人種的アイデンティティーを強化しようとする努力、少数者と弱者に向けた社会的嫌悪の増幅、新冷戦的国際秩序の再編、そして戦争などは、危機に瀕した資本の遅延戦術あるいは資本のナルシズム展開と深い関連性を持っている。

　資本のナルシズム的でファシズム的な展開は、構造や制度レベルだけで作動するものではない。個人の生もそのようにナルシズム的になるように導いていく。徹底した個人主義と無限競争に立脚し、市場を中心に人間関係や社会的関係を眺める市場資本主義は、個人に自分の外部を徹底的に道具的に眺めさせる。そのため、外部との関係ではなく、自分の内部の自我とエゴ（ego）との関係にだけ集中できるナルシズム的な人間を作り出す。そして、危機と不安に直面しても外部の他者との和解や分かち合いを通じて道を探すよりは、自己中心性をさらに強化することで対応するよう誘導させる。人と人が出会う不便さを最小化するアンタクト（untact）消費主義、誰にも干渉されたくない欲求の充足という自由に対する幻想、隣人の貧困と苦痛、そして生態環境の破壊と苦痛に対する無関心などは、ナルシズム的な個人主義と無限競争の秩序が作り出している個人の姿である。

　このようなナルシズム的な個人たちは、実は自ら関係的な自我形成の道を遮断していると見るしかないだろう。このような個人の中の一部が映画「アメリカン・サイコ」（American Psycho）の主人公のように、ナルシズム的自我を守るために暴力と殺人も構わない極端な人物に発展する可能性を決して排除できない。憎悪と嫌悪を節制せず表出するオンラインファシズムに対する議論と、無限競争を煽る韓国の学校教育現場がファシズム教育の現場であると話すキム・ヌリの評価は、ファシズム的傾向がすでに個人の内面の奥深いところに位置していることを示している。ナルシズム的資本主義秩序とその中で生きている個人が爆発を待ちながらファシズム的エネルギーを凝縮しているように見えるのは、決し

て過敏さのためだけではないだろう。

(3) 民主主義の危機と政治に対する不信

　資本主義のナルシズム的でユートピア的な展開としての新自由主義
は、必然的に政治的過程を歪曲させる。デヴィッド・ハーヴェイによる
と、新自由主義は市場のユートピアを最も自由で最も合理的な組織とし
て実現するための企画である[11]。しかし、このユートピア企画は市場中心
の経済のために政治・社会的過程を歪曲させるが、結局は成功できない
企画である。このようなナルシズム的でユートピア的な企画は、人間に
対するすべての評価を経済的利益に従属させ、国家や社会を市場の自由
を守る道具に変質させ、市場の論理を社会生活の全領域に拡大すること
によって、市民を消費者や経営者と同一視し、それで市民社会と非営利
的社会福祉の領域を全て企業経営の論理に還元して評価する。

　チョン・ジニョンによれば、このような資本主義経済のナルシズム的
展開は、政治的過程を非常に狭くするだけでなく、政治的過程が担うべ
き多くのものを政治領域外、特に市場の領域にまで押し出すか、あるい
は脱政治化することで、民主主義をますますに蚕食していく[12]。このよう
に市場経済によって民主的政治過程が蚕食され、政治は市民の政治的要
求と乖離を見せ始める。そして政治は社会の中に潜在された多様な議題
を代議的政治過程に引き入れるための努力になるよりは、政党間のある
いは政派間の権力争いに変質し始める。韓国のように市民の政治参加が
活発な国でも、代議民主主義の代議性や代表性に対する市民の信頼が落
ち、既成の政治秩序に対する不信が深まっている。各種調査統計によれ
ば、代議民主主義そのものに対する期待と信念が減っている現象はすで
に世界的なものになっている[13]。

　順理的に見れば、このような民主主義の信頼喪失の危機に対処する方
法は、当然、市民の参加と代表性の幅をさらに広げる方向に政治的過程
を活性化させることのほかはないだろう。そして、エコロジカルな次元
と社会的次元が不可分に絡み合って発生する気候危機時代の新しい問題

を政治的過程の中で扱えるようにするために、政治的過程をさらに多様化することが必要だろう。だが、実際に現れる現象は予想できる順理とは距離が遠い。すでに多くの統計が示すように、民主・政治的過程を拡張するよりは、さらに狭めて閉鎖する方向に動いており、当然、民主主義に対する大衆の信頼はさらに大幅に落ちている。そしてこのような政治に対する不信を滋養分としながら、大衆の絶望と怒りを媒介にして結合する一種のファンダム政治、ポピュリズム政治、極右的極端主義等が政治の全面に登場している。キム・マングォンによると、2018 年現在、28 ヶ国の EU 会員国において、22 ヶ国でポピュリズム政権が勝利したり躍進している。[14]すでに民主政治が安定していると信じていた国家でも、ポピュリズム的な政治勢力が前面に登場しており、政治そのものが民主的な政治的過程を通じて競争と葛藤を経て問題を解決しようとする努力ではなく、ポピュリズム的な勢力対決に変質する様子を見せている。いわば、気候危機による危機感、経済的両極化と不平等による疎外と苦痛、そして民主主義政治に対する絶望がファシズム的潜在力を持つポピュリズム的政治に収斂する傾向を見せているということである。世界的に独裁体制を好む世論が急激に増加していることを示すアメリカのピュー・リサーチ・センターの統計は、すでに非常に危険な赤信号を送っているものと見られる。[15]

（4）資本の軍事主義化と新冷戦

　資本と政治権力と大衆のファシズム的結合を可能にするもう一つの重要な条件は国際政治秩序で登場する。世界各地で選挙を通じて独裁権力が登場しており、ウクライナとパレスチナを含め多様な地域の戦争と葛藤状況が増幅している。特に北東アジアでは、アメリカと中国間の貿易葛藤が非常に危険な軍事的葛藤に展開される可能性に恐れている。南シナ海で、台湾海峡で、そして韓半島（朝鮮半島）で軍事的対決と緊張の雰囲気が高まっている。特に韓半島では、これまであった南北間のすべての対話チャンネルと平和プロセスが途絶え、廃棄されている。

アメリカと中国がすでに対立しており、ウクライナ戦争で西側とロシアの関係が悪化し、事実上、軍事対決に向かっている様子である。さらに、NATO、クアッド（QUAD：アメリカ、日本、オーストラリア、インドが参加する４カ国安保会談）など、同盟を通じて陣営を分ける国際秩序が現実化しているだけでなく、そのような同盟が軍事的性格をより露骨に表わしている。明らかに過去の冷戦とは異なるものだろうが、見た目では過去の冷戦秩序と類似した対決構図が作られている。このような新冷戦的対決構図は、韓半島のような分断国家での平和と和解に向けた努力を決定的に制約しており、互いの覇権が出会う境界地域では多様な形態の緊張と不安を増幅させている。

　表面的に見れば、このような国際政治秩序の変化は新自由主義のグローバル化経済秩序と矛盾するものと見られる。移住民や難民流入を防ぐための国境封鎖を強化したり、保護貿易主義的な措置が強化される現象などは、明らかにそのような姿に見える可能性がある。しかし、このような国際関係や国際政治秩序の変化を新自由主義の根本的な変化と見る見方はそれほど多くないようである。[16]過去の問題と危機を、新しい配置を作っていくための契機にしながら、絶えず自分を拡張してきた新自由主義的追求が、再び新たに国際秩序を再編する過程であると見るのが支配的な見方である。

　その中でも最も興味深く説得力のある解釈は、新自由主義が自身の慣性を維持するために「軍事主義化」しているという見解である。トリシア・ウィジャヤ（Trissia Wijaya）とカニシュカ・ジャヤスリヤ（Kanishka Jayasuriya）の研究によると、今起きている地球的な政治経済秩序の変化は「脱地球化」でもなく、だからといって新自由主義の拒否でもない。新たに登場する地球的政治経済秩序は、アメリカや中国を中心とする国家が新自由主義の追求を持続するために、安保機構と同盟の方向を再設定し、再組織する過程である。言い換えれば、グローバル市場の連結を断ち切るための努力ではなく、その連結を再調整して再び連結する過程であるということである。その過程の特徴は、新自由主義的経済の追求

のための国家的役割の強化、経済的制度や活動と国家安保の結合、そして国家の安保と軍事的装置の経済的役割強化などを重要な特徴とする。言い換えれば、国家をより徹底的に道具化し、国家や同盟の安保と資本の追求をより徹底的に結合させることで、新自由主義的経済秩序が軍事主義化（militarization）しているということである。

　このように軍事主義化している新自由主義は、資本と政治権力と大衆の危険なファシズム的結合を可能にする状況を提供しているように見える。何よりもまず、経済的過程が軍事主義と結合するこの危険な現象は、利害関係の葛藤状況で妥協、調整、和解の価値よりは、物理的な解決策を選択する可能性をはるかに高めている。国際危機監視機構（International Crisis Group）が 2024 年に発表した「見守るべき 10 個の主要な葛藤状況」には、次のような長いサブタイトルが付いている。

　「より多くの指導者が自分の目的を軍事的に追求している。より多くの指導者が戦争を通じてうまくやっていけると信じている」[17]

　これは軍事主義化している新自由主義の状況に対する雄弁であり証言である。このような状況で、戦争は定数になり、平和が例外的になる現象がさらに一般化される。現実の政治権力や経済権力が平和運動を蔑み、和解や平和の過程を無視する行動があちこちで現われている。国連を含む国際機関が行ってきた葛藤地域の平和のための仲裁の役割がほとんど作動していない姿はイスラエル VS パレスチナ戦争でもよく見られる。それだけでなく、これまで平和維持のために寄与してきた各種の武力使用抑制条約、特に核を含む大量破壊兵器使用抑制条約が廃棄されたり無力化される状況さえも目撃されている。いわば、軍事主義化した新自由主義が、平和のために重要な安全装置を除去し、戦争と暴力の使用を正当化できる条件をあらかじめ設けているのである。

　このような国際政治秩序の変化は、社会内部の問題と葛藤を内部の反対者と外部の敵に向けた敵愾心と憎悪で解決しようとするファシズム的政治に力を与える良い条件を提供する。すでに世界の随所で起きている

第5章

移住者、外国人、性少数者、そして他宗教に向けた嫌悪と敵対主義が簡
単に正当化されうる環境である。特に、まだ冷戦的分断状況を維持して
いる韓半島では、今の国際政治秩序の変化を眺めながら、嫌悪と敵対主
義を正当化する国際的雰囲気が根深い反共主義的宗教と極右政治が結合
する危険な可能性を憂慮せざるを得ない。

3　ファシズム政治と宗教の出会い

　ファシズム的傾向が強化される最近の現象は、一部地域に限ったこと
ではなく世界的である。欧米だけでなく、アジアとアフリカと南アメリ
カでも現れている共通現象である。決して統一的でもなく、前世紀初め
のヨーロッパのファシズムと簡単に同一化することもできないが、あち
こちで幽霊のように自分をさらけ出している。このようにファシズム的
政治の出現が予見され、また実際に現れることもある状況で、キリスト
教だけでなくイスラムやヒンドゥー教など多様な宗教がファシズム的政
治と結合する様相に対する研究が活発に起きている[18]。ここで見方をキリ
スト教とファシスト的な極右政治の結合に絞ってみると、アメリカと韓
国の場合が非常に目立って見える。

　ジョージ・ワシントンのような政治家たちの顔とともに「私たちは神
を信じる」という宗教的文章が書かれたドル札を見れば、このドルが支
配する秩序の中では経済と政治と宗教が不可分に絡み合っていることが
実感できる。韓国でもキリスト教と右翼政治が結びついてきた歴史は決
して短いとは言えない。戦争を通じて韓半島に冷戦的分断秩序が形成さ
れ維持される全過程を通じて、キリスト教は反共主義的で親米的な韓国
の右翼政治と深く結びついていた。しかし、最近に問題になっている両
国のキリスト教と極右政治の結合は、はるかに積極的で行動主義的に変
わりつつあるように見える。アメリカのプロテスタント福音主義キリス
ト教と保守的カトリック集団が極右政治と結合する現象に対して、多く
の憂慮と警告と批判が提起されており、すでに多様な研究が出ている。

マルセロ・ピグエロアによると、道徳的原理主義、宗教的根本主義、そして極右政治が結合するアメリカ的な現象で最も重要な特徴は、ブッシュ大統領の「悪の枢軸」発言から分かるように、絶対善と絶対悪を区別するマニキアン的言語とフレームの増幅である[19]。

　批判者と反対者を絶対的な悪と規定し、その悪の除去を神が与えた任務と考え、そのように絶対的に悪魔化された敵に向けた戦争と暴力を正当化することが、まさにマニキアン的な枠組みである。そして、このマニキアン的な枠組みは、軍事主義化した新自由主義の欲望と深く共鳴している。「万軍の主」を前面に出して好戦性を聖なるものにしている、このマニキアン的フレームは嫌悪と敵意を霊性（spirituality）と錯覚させ、「キリストの身」である教会を敵意と怒りの同盟にしており、互いに異なる教会間の一致を怒りと嫌悪で団結した一致と連帯にしていると批評家たちは警告している。このような批評は、今アメリカで展開されているファシズム的政治の中で、道徳的原理主義と宗教的根本主義が軍事主義化中である新自由主義と大衆の不安を結合させる非常に重要な役割を果たしていることを示している。アメリカの政治理論家ウィリアム・コノリーはこのように宗教の重要な役割を強調しながら、トランプ以後、アメリカの極右政治と福音主義キリスト教の結合を「福音主義－資本主義共振機械」と概念化し、そのような結合の性格を熱望的ファシズム（aspirational fascism）と説明する[20]。

　すでに述べたように、韓国でもキリスト教は長い間、親米主義と反共主義を核心とする極右政治と深く結びついてきた。それは決して消極的なかかわりではなかった。親米と反共と極右政治の間のすべての亀裂や葛藤を埋めて治癒する非常に決定的な役割をしてきた[21]。そして韓国の極右キリスト教にとって反共とアメリカ式資本主義に対する賛美はキリスト教的価値と区別できないほど一体化している[22]。ホン・スンピョは、このように反共主義的な極右政治と結合したキリスト教信仰が、韓国社会の中に嫌悪と敵対の情緒を生産し、同時に少数者の声や多様性を容認しない暴力性と抑圧の機制として作動していると主張する[23]。そして 1990

年代以降、韓国でキリスト教と右翼政治の結合は、政治的に行動主義化していると評価が力を得ている。キム・ヒョンジュンは2017年に発表された論文「プロテスタント右翼青年大衆運動の形成」で、韓国のプロテスタント団体と右翼政治勢力が共謀して反共主義と少数者に対する差別と嫌悪を強く主張しながら、少数者に対抗した「文化戦争と立法戦争」と同時に、北朝鮮に対抗した「統一戦争」までも厭わない極右勢力に、そして「大衆運動」に成長していると診断する[24]。同年に発表されたキム・ジンホの「太極旗集会とプロテスタント右派」もやはり極右プロテスタントが神秘主義に陥った大衆に「イデオロギーの鎧」を被せ、「憎悪の霊」を吹き込み、彼らが「攻撃的極右主義」と「暴力の体系」に発展する可能性を警告している[25]。

　ならば、このように極右政治と資本主義経済と宗教の結合を作り出す動因は何か。大半は歴史的な説明と因果論に頼っているように見える。しかし、歴史的な説明だけでそのような結合の動因を説明することは難しい。いかなる場所でも宗教とファシスト的政治の結合だけが歴史的経験のすべてとは言えないからである。解放的で民主的な政治と結びついてきた経験もまた様々だからである。そして、理念的または教理的な理由でも、その結合を説明することは容易ではない。韓国の保守キリスト教徒の信仰が反共主義という極右政治イデオロギーとほぼ一体化しているとしても、彼らと極右政治の間に教理や理念上の十分な一致が存在するとは言えない。経済的あるいは政治的利益の観点でその結合の動因を説明することも、それほど説得力があるとは思えない。キリスト教の根本主義者たちと資本が経済的利害関係を共有していると言える根拠はあるか、そしてファシスト的な政治権力と大衆の政治的利害が必ず一致するのかも非常に疑わしい。極右政治と資本とメディアと大衆が自発的な結合関係を成す動因を単純ないくつかの因果論で説明することは非常に難しいと思う。ファシズム的な政治と経済と宗教の結合は、一つの原因に還元できない複雑系に近い。そして、まさにその複雑さのために簡単に予測しにくい潜在的爆発力と変動性もまた持ち得るのである。

資本と極右政治と宗教の結合現象をこのように複雑系と把握している
という点で、ウィリアム・コノリーの「熱望的ファシズム」が示す解釈
は非常に興味深い[26]。彼の分析によると、アメリカで行われている宗教と
政治と資本の結合は、福音主義キリスト教、右派政治、資本と企業、メ
ディアなどの多様な要素で構成される。だが、特定の勢力が他のすべて
の勢力を屈服させる方式では成立できない。そして単純な因果論ではな
く、複雑な関係が重なっている結合である。そして、因果を十分に説明
できる状況の上で組織化、結集、あるいは共同の行動が作られるのでは
なく、むしろ行動的実践がすべての因果的問題を圧倒しながら先に実現
される。簡単に因果的に連結させることができない構成要素の間に巨大
な共振（resonance）を作り出すのは、むしろ行動的または情動的な性向
と見ることができる。このように作られた共振がすべての構成員の認識、
信条、利害関係、制度などに浸透し、それらを屈折させながら、むしろ
その共振を巨大な機械に作り上げていくのである。これがコノリーが言
う「福音主義－資本主義共振機械」である。

　つまり、資本と宗教のファシズム的結合は、情動的な性向の共振であ
る。一方には武力を利用してでも経済的貪欲と特権を維持しようとする
資本の欲望があり、もう一方には道徳的根本主義と不信者に対する裁き
という宗教的欲望が位置している。この二つの欲望が共有している性向
とは、反対者を絶対的な悪にして完全に除去することを願うマニキアン
的欲望と敵意である。それで、経済的貪欲に浸った人々の実存的好戦性
が、キリストの聖なる暴力を可視化しようとする人々の超越的な怒りと
共鳴する。一方は、自分たちの経済的欲望の追求を妨害するすべての勢
力を敵と認定して排除する道を探しており、もう一方は、不信者に対抗
する審判の日を準備している。軍事主義化した資本、道徳的原理主義、
そして宗教的根本主義が、このように絶対悪に対する敵意と怒りでファ
シズム的結合を成している。

　ここで注目すべきところは、ウィリアム・コノリーは資本と宗教と大
衆のファシズム的結合の必然性について語っていないということであ

第5章

る。必ずファシズム的結合を作り出す存在論的理由のようなものはそこ
にない。ゆえに彼は宗教と大衆が全く違う姿の政治的結合を形成する可
能性も開かれていると見ている。かつて宗教が民主、平和、正義、人権、
平和などの価値を中心とする大衆の熱望と出会ったように、全く違う姿
の結合あるいは連帯を作り出す可能性が十分にあるということである。

4　平和のための連帯の力としての宗教

　世界の危機の前で、宗教は二つの可能性を持っているように見える。
一つはその危機から例外的な個人や集団になる道を探すことであり、も
う一つは危機の中に参加して新しい生の可能性を探して奮闘する道だ。
例外的個人や集団になるということは、今の危機を絶対的善と絶対的悪
の二分法的対決とみなして、自分たちは絶対的善の位置に、そして自分
たちが名指しする特定の個人や集団を絶対的悪の位置に置くことができ
るという考えだ。そのため、絶対悪に対する憎しみと憎悪で団結し、そ
の絶対悪を除去すれば過去の安定に戻ることができるという態度だ。危
機の原因に対する診断と分析と省察を他者に対する怒りに、そしてその
怒りを信仰的霊性的情熱に転倒させながら、すべての危機の原因と過程
と結果から例外的な個人と集団になる道があるという偽りの扇動だ。し
かし、過去にも、そして今も、諸宗教の社会的実践がこのような方式だ
けで行われているわけでは決してない。危機の外にある例外者的観点で
はなく、危機の中にいながら今の危機を招いてきた原因の一部として自
分たちを眺める責任的な見方を持った宗教的実践運動がいくらでもあ
る。人と自然の抑圧と搾取に基づいて自分を維持している今の資本主義
秩序に抵抗し、その秩序によって犠牲になり苦痛を受けるすべての人々
とすべての非人間生命と連帯しながら、新しい生の道を探し求めている
数多くの宗教的実践がある。
　今の世界危機の前で宗教が取っている道がこのように相反する二つの
姿で現れているならば、諸宗教はより省察的に自分に向かって質問する

必要があると思う。言い換えれば、宗教が絶望と怒りの連帯のためのエネルギーではなく、希望と愛の連帯をさらに拡張できる健康的なエネルギーになるために必要なものが何なのかを問わなければならない。

　まず、重要なのは宗教の自己省察である。ウィリアム・コノリーの分析どおり、教理や信条から導き出した一貫した理由を持って宗教がファシズム的政治と結合しているより、ある性向や気質の面で宗教と資本と政治が共鳴を起こすということに共感するとしても、そのような性向や気質を作り出すさらに深い原因には一つの宗教が持っている慣習、伝統、教理、信条、そして霊性と（キリスト教なら）神学の内容と関連があるということを否定できない。すなわち、宗教がファシズム的政治と結合して、復讐心に向けた霊性を燃やしながら絶望と怒りの連帯を作っていくことになる理由を、単純にその宗教の教理と信条あるいは霊性と神学に対する誤解から始まったとは言えないという話である。キリスト教の歴史に限ってみても、ガリラヤのイエスが求めていた実践と霊性が、ローマ帝国の皇帝のための宗教となったキリスト教の実践形態や霊性と同じわけがない。マーティン・ルーサー・キング・ジュニア牧師の道と今のアメリカ極右キリスト教の姿は、根本が同じだとは言えないほど違う。そして韓国でも民衆神学や平和神学と肩を並べていたキリスト教徒たちが求めた霊性と連帯は、今の極右政治と結合するキリスト教徒たちが追求する怒りの連帯とは全く違う。だが、その二つの道が共にキリスト教聖書と伝統と教理に頼って自分たちの主張を展開している。どちらか一方が真実を誤解したり歪曲しているという主張では、それだけ長い間続いてきたその二つの違いが全て説明しきれない。

　危機の前で恐怖を感じ、時には怒りを感じるのは当然のことかもしれない。自分を守ろうとする物質的で身体的な生命体の当然の反応かもしれない。しかし、そのような恐怖と怒りを相手の破壊と除去のための暴力的復讐心にしていくことと、危機を挑戦と見てその恐怖と怒りを新しい関係と秩序を作り出すための建設的な力にすることは全く違う道である。暴力的復讐心に満ちた怒りの敵意の連帯は、問題を解決したり克服

する方法にはならない。それは危機を自分に対して省察する最低限の機会や挑戦とも考えない態度である。現在の秩序の既得権を中心に徹底的に結集し、危機を全く不要なものにしてしまう態度である。マニキアン的な二分法で危機を処理するために、既得権は自分と自分を中心に結集する個人や集団に例外的な特権を与えてきた。

　諸宗教、特にキリスト教の中には、信じる者と不信者を二分法的に分け、信じる者に例外的な位置を付与し、世の中と他のすべての被造物とは区別された特権的位置を付与しようとする神学的で霊性的な追求が深く根付いている。そして、この例外主義的な特権的神学がマニキアン的な政治と結合してきた長き歴史がある。私たちは、信じる者のための例外的特権が皇帝と統治者の例外主義的特権となり、さらには人種的特権となり、植民主義的征服の特権となり、すべての生物と無生物に対抗した人間種の特権となってきた歴史的過程とその結果を今の危機の中から見ている。宗教が真に民衆の解放と救いのための宗教になり、すべての生命の平和と和解のための道になるためには、今まで怒りと敵意の連帯を作るのに寄与した教理と信条と伝統と慣習、そして神学と霊性をより徹底的に反省することが必ず必要であると思う。

　危機の前で感じる恐怖と不安と怒りが生を持続させようとする意志を持った生命の当然な反応ならば、そのような感情が真なる生の道を探す動機となり力にならなければならない。危機の前で感じる無力さと弱さを、私と私の集団の生が他者と他の被造物の生と深く絡み合っているという事実を確認するきっかけにしなければならない。それで恐怖、不安、怒りのような感情が私と私の集団の利己的な垣根を開き、新しい生を始める力にしなければならず、正義と平和の新しい秩序に向かって進むことができる勇気にしなければならない。使徒パウロは危機の時にすべての被造物が「産みの苦しみを共に味わっている」と言った。（ローマの信徒への手紙、8章22節）新しい生命と新しい秩序を誕生させる苦痛を分かち合う深い連帯の表現である。そのように共に産苦を味わうこと、それが真に生きる道であり、真に平和を回復する道である。民衆神学的に言

えば、民衆の恐れと不安と怒りがマニキアン的復讐の政治とファシズム的に結合するということは、大衆が自虐的な自己破壊と暴力の道に進むことである。生きようとする生命が感じる恐怖と不安を真なる生命の道を通じて克服できるようにするのではなく、結局は暴力と戦争と死に押し込むことである。

　平和活動家たちは、今は最善のためではなく最悪を防ぐために平和に向け力を集めて、また声を高める時であると主張している。韓半島と北東アジアの現実も、最悪の場合に恐れなければならない状況へと突き進んでいる。このような地政学的危機の中で、宗教と資本と政治のファシズム的結合は予測できない最悪の可能性をまた抱えていると見ても過言ではない。それで、今は宗教が持っている正義と平和に向けたすべての精神的資産を一つに集めて危機と向き合わなければならない時であると思われる。すべての宗教には、危機を絶望と終末の時だと受け入れるのではなく、新しい秩序を生み出す瞬間に変化させる大切な霊的知恵と資源があると信じている。このような資源が大衆と出会って平和のための希望の連帯を作る道を探すため、全力を尽くさなければならない時である。

第 5 章

注記

1　UNICEF, *Children Displaced in a Changing Climate*, 2023.

2　Samir Gandesha, *Spectres of Fascism Historical, Theoretical and International Perspectives*, Pluto Press, 2020.

3　William W. Connolly, *Aspirational Fascism: The Struggle for Multifaceted Democracy Under Trumpism*, Minneapolis, University of Minnesota Press, 2017.

4　Michael S. Northcott, *A Political Theology of Climate Change*, Michigan, Grand Rapids, 2013, p.16.

5　キャサリン・ケラー、『地球政治神学』、パク・イルジュン訳（ソウル：デザンガン、2020）、177 頁。（韓国語）

6　Thomas D. lowe, *Is This Climate Porn? How Does Climate Change Communication Affect Our Perceptions and Behaviour?* Working Paper 98, tyndall centre for climate Re search, 2008.

7　Donna J. Haraway, "Staying with the Trouble: Anthropocene, Capitalocene, Chthulucene," in Jason W. Moore ed., *Anthropocene or Capitalocene? Nature, History, and the Crisis of Capitalism*, PM Press, 2016, pp. 34-76

8　Naomi Klein, *This Changes Everything: Capitalism vs. the Climate*（New York: Simon and Schuster, 2014）, 21.

9　Karl Polanyi, *The Great Transformation: The Political and Economic Origins of Our Time*, Boston: Beacon Press, 1944（2001）, p.245

10　キム・ヌリ、「民主主義の成否は教室にかかっている」『ハンギョレ』, 2022 年 1 月 4 日 https://www.hani.co.kr/arti/opinion/column/1025904.html（韓国語）

11　David Harvey, *Spaces of Hope*, Edinburgh University Press, 2000, p.195. ユートピア主義と新自由主義のユートピア的企画に対する全体的理解のためには、この本の第 3 部 133-196 頁を参照せよ。

12　チョン・ジンヨン、「グローバル化と自由民主主義の危機の二つの顔：新自由主義とポピュリズムの政治的動学」,『韓国政治学会報』52 集 4 号（2018）、91 頁。（韓国語）

13　Pew Reserach Center の発表 "Representative Democracy Remains a Popular Ideal, but People Around the World Are Critical of How It's Working" を下で参照せよ。https://www.pewresearch.org/global/2024/02/28/representative-democracy-remains-a-popular-ideal-but-people-around-the-world-are-critical-of-how-its-working/

14　キム・マングォン、『「脱真実」時代の政治と論争的民主主義モデル』、『哲学』147（2021.05）、147 頁。（韓国語）

15　チョン・ジョンファ、「10 人のうち 6 人は民主主義に不満」…「『選挙独裁国家』を防ぐには？」,『プレシアン』、2024.04.27.https://www.pressian.com/pages/

103

articles/2024042709552306694 。（韓国語）

16 キム・ジンホ、『極右主義とキリスト教』（ソウル：ホルガブン、2024）。特に
この本の第 2 章「ポストグローバル化時代、安保政治と生かす政治」を参照
せよ。（韓国語）

17 https://www.crisisgroup.org/global/10-conflicts-watch-2024

18 Samir Gandesha, eds., *Spectres of Fascism*, pp.1-2; Hamed Abdel-Samad, Islamic Fas-
cism（New York: Prometheus Books, 2016）.

19 Marcelo Figueroa, "Evangelical Fundamentalism and Catholic Integralism: A surpris-
ing ecumenism," LA CIVILTA CATTOLICA, 13 Luglio 2017,

20 William W. Connolly, Aspirational Fascism: The Struggle for Multifaceted Democracy
Under Trumpism; Minneapolis, University of Minnesota Press, 2017; "The Evan-
gelical-Capitalist Resonance Machine", Political Theory, Vol. 33 No. 6, December
2005, pp. 869-886.

21 キム・ジンホ、「太極旗集会とプロテスタント右派：再びうごめく極右主義的
企画」、『黄海文化』、2017 年、88 頁。（韓国語）

22 キム・グォンジョン、「解放後のキリスト教勢力の動向と国家建設運動」、『崇
実史学』、第 29 号、2012、217 頁。（韓国語）

23 ホン・スンピョ「韓国教会の韓国戦争認識と歴史的反省」、『ニュース＆ジ
ョイ』、2020 年 6 月 17 日、https://www.newsnjoy.or.kr/news/articleView.html?idx-
no=300842）

24 キム・ヒョンジュン、『プロテスタント右翼青年大衆運動の形成』、『文化科
学』、No.91、2017、8 頁。（韓国語）

25 キム・ジンホ、「太極旗集会とプロテスタント右派：再びうごめく極右主義的
企画」、『黄海文化』、2017 年、９２－９３頁。（韓国語）

26 William Connolly, *The Fragility of Things*, Duke University Press, 2013. pp.21-22.

27 ソ・ナムドン、『民衆神学の探求』（坡州：ハンギル社、1983）、101 頁。（韓国語）

翻訳／李瑞玄（イ・ソヒョン）

第6章

水俣病運動における
平和共生思想とその実践

「本願の会」の活動を中心に

北島義信

きたじま・ぎしん

アジア宗教平和学会会長、真宗高田派正泉寺前住職。宗教社会論、アフリカ・インド英語文学専攻。1944年三重県に生まれる。大阪外国語大学インド語学科、大阪市立大学文学部哲学専攻をそれぞれ卒業、大阪市立大学大学院文学研究科哲学専攻修士課程修了。四日市大学環境情報学部教授を経て、現在、四日市大学名誉教授。著書：『親鸞復興』(同時代社)、『宗教と社会変革』(社会評論社)、グギ・ワ・ジオンゴ『川をはさみて』(訳書、門土社)、チャールズ・ヴィラ・ヴィッセンシオ『南アフリカの指導者、宗教と政治を語る』(監訳、本の泉社)。論文：「靖国問題と平和構築運動」(韓国『仏教評論』、2024年夏号)。

はじめに

　日本では、「物質的豊かさ」のあくなき追求が「社会発展」をもたらし、それによって自動的に人間の「幸せ」が実現されていくという「イデオロギー」が、1950年代半ばから、国民の間に浸透していた。これは、1955〜1970年まで、10%前後の経済成長を続けてきた日本の現実の反映であった。しかし同時に、この「高度経済成長」は重化学工業と密接に結びついており、その「発展」は、大気汚染、工場排水などによる被害を不可避的にもたらした。この典型例が「水俣病」であった。

　「水俣病」とは、1932年以来、日本窒素肥糧株式会社（後のチッソ株式会社）の水俣工場から海に排出され続けてきた有機水銀が、魚介類を通して体内に取り込まれ、その蓄積によってもたらされる中枢神経疾患、脳の神経細胞が消失・傷害される病気、を意味する。それにより、多くの人々、生き物が亡くなり、生き延びた人々もその後遺症に苦しんだ。またこの病気は胎児にも、もたらされた。水俣病の公式確認（1956年）を経て、この現実に抗する組織的運動は、1959年、不知火海漁民3000人による、チッソ水俣工場が海へ排出する有機水銀排水の停止要求行動から始まる。1968年には、政府は「水俣病」を「公害」と認め、「患者訴訟派」は「チッソ」に対する損害賠償請求訴訟を熊本地裁に提訴し、同年、石牟礼道子氏等の呼びかけにより「水俣病を告発する会」が発足する。

　緒方正人氏や石牟礼道子氏らを中心にして1994年に結成された「本願の会」は、「チッソ・国・熊本県」に抗する闘争に存在する、制度・構造の「責任追及」が限界に行き着いたときに、「いのち」の繋がりの回復に必要な取組として生まれたと言える。「水俣病」では「チッソ・国・熊本県」の三者が「加害者」であることは構造的事実であるが、闘争では「人間の責任」という大きな問題は問われなかった。「本願の会」は、「加害者」「被害者」の関係を「二項対立」的に見るのではな

106

く、「共に立つ場」を、水俣の埋め立て地に設定し、そこで新作能『不知火』を上演（2004年）するという取組みを呼びかけた。「本願の会」の参加呼びかけを「チッソ」本社が認めたことによって、「チッソ」の社員も「加勢委員会（実行委員会）」に主体的に参加を申し出るようになり、はじめて「被害者」「加害者」の二項対立を超える道が拓かれたばかりか、水俣病患者と患者でない市民との「深い対立」も超える道も拓かれるようになった。

「水俣病」をもたらした「加害者」は前述のように「チッソ・国・熊本県」であり、「被害者」は住民であるが、「物質的豊かさ」を求めてきたのは、「住民」「県民」「国民」でもあり、「加害者」「被害者」の二項対立的構造をこえた、平和的共生の視点と実践が必要であった。それを可能ならしめたのは「本願の会」の活動である。この小論では、その平和共生活動の特徴を明らかにしたい。

1　「本願の会」の設立者・緒方正人氏における思想の転換

（1）「被害者」「加害者」の二項対立から「相互関係性」の視点への転換

水俣病患者訴訟派・自主交渉派は、1969年に「チッソ」に対する損害補償請求訴訟を熊本地裁への提訴後、1974年、「チッソ」と補償協定に調印した。緒方正人氏は、1974年に「水俣病患者」としての「認定」を申請し、発足間もない「水俣病認定申請患者協議会」（川本輝夫世話人）に加わり、活動を開始する。しかしながら、緒方正人氏によれば、その当時の運動は、「裁判や認定申請」という制度の中で、手続き的な運動が中心になっていた。緒方氏はそうならざるを得なかった社会的・政治的理由について、次のように述べている。「熊本県知事に認定申請をして、そこで認められなければチッソは患者として認めないし補償の対象にもならないということが定着していました。どこかで裁判をしたり、あるいは認定申請という手続きをしなければ、直接の加害者であるチッソの所に行けない」（緒方正人『チッソは私であった』、河出文庫、43頁、

107

2020 年）。ここからは問題解決の道が「政治的制度」に矮小化され、限定化されたため、それを超えて人間そのものあり方を問うという方向性が妨げられたことがわかる。その結果、運動自体が問うべき「構造的な水俣病事件といわれる責任」は「システムの責任」に矮小化され、最も大切な「人間の責任」という課題が、運動組織と企業・熊本県・国の双方から「抜け落ちてしまう」ことになったのである。

　「チッソ」は加害企業であり、国や熊本県がそれを擁護し、産業優先政策を推し進めてきたことは事実である。運動体にとって、その加害責任を追及している時期には、「自己」は「被害者」であるゆえに、「自ら」が問われることはない。しかしながら「人間の責任」に目を向けたとき、今度は「お前はどうなんだ」ということが問われる。それは、"自分が「チッソの労働者、あるいは幹部」であったとしたらどうしたであろうか"を問うものであり、「絶対同じことをしていないという根拠」は見いだせないのである。「近代化」に象徴される「物質的豊かさ」を求めた「社会」は、「私たち自身」でもあることに目覚めた緒方正人氏は、「被害者」「加害者」の二項対立を超えていく視点を持つことの必要性を得たのだ。かくして、緒方氏は次のような結論に達する。

　「私は加害者チッソといったときに、以前は自分と離れた別の存在だと思っていました。会社であり、権力であり、体制だと思っていた。ところが、自分に問われていること―事件の意味を考えている時に、私自身ももう一人のチッソだったと考えるようになったわけですけど、いのちのつながりから自分自身も遠ざかっているのではないかという危機感がありました。…時代そのものがチッソ化してきたのではないかという意味で、私も当事者の一人になっていると思います。…かつては、チッソへの恨みというものが、人への恨みになっていた。チッソの方は全部悪者になっていて、どっか自分は別枠のところに置いていた。しかし、私自身が大きく逆転したきっかけは、自分自身をチッソの中に置いた時に逆転することになったわけです」（『チ

ッソは私であった』、72 ～ 73 頁）。

　かくして、緒方正人氏はこのような二項対立を超える行動を開始する。それはチッソの工場の門前に一人座って、「身を晒す」ことであった。それは、「チッソが自分の出発点でもあり、表現の場であるということ。しかし他方では、その自分が同時に、いつでもチッソの中にとり込まれてシステムの一員となり得る存在でもあること。俺にとってチッソがそういう両義的な意味を持つ場所であることを確認しておきたかった」（語り・緒方正人、編者・辻信一『常世の舟を漕ぎて』、ゆっくり小文庫、152 頁、2020 年）からであった。

（2）「相互関係性」の具体化を目指す緒方氏の行動と人々の意識変化

　1987 年 12 月に、緒方正人氏は、「プラスティック舟」ではなく、あえて木造舟の制作を依頼し、帆をかけたその舟に乗って、海からチッソの工場に向かった。漁港に着くと、用意しておいたリヤカーに七輪（コンロの一種）、筵（藁で編んだ敷物）、焼酎（酒）を載せてチッソ工場の正門に向かい、正門のすぐ内側にある守衛所へ行き自分の名前を名乗り、「水俣病のことで門前に座る」と挨拶して、筵を敷いて座った。そして用意をしてきた筵に、「チッソの衆」「被害民の衆」「世の衆」の三者に次のような呼びかけを書き、それらを金網に立てかけた。

　　「＜**チッソの衆よ**（皆さん）＞この、水俣病事件は／人が人を人と思わんごつなった（思わなくなった）、そのときから／始まったっバイ（始まったのだ）／そろそろ「**人間の責任**」を認むじゃなかか（認めたらどうだ）。／どぅーか、この「問いかけの書」に答えてはいよ（ほしい）／チッソの衆よ。／はよ（早く）**帰ってこーい**。／**還ってこーい**／」。
　　「＜**被害民の衆よ**（皆さん）＞近頃は、認定制度てろん（だとか）／裁判てろん（だとか）、と云う、しくみの上だけの／水俣病になっとらせんか（なってはいないか）。／こらー（これは）／国や県に、とり込ま

れとるちゅうこっじゃろ（とり込まれているということではないか）。／水俣病んこつは（のことは）、人間の／生き方ば考えんばんとじゃった（を考えなかったからだ）。／この海、この山に向きおうて（あって）、暮らすこっじゃ（ことだ）**／患者じゃなか（ではないのだ）／人間ば生きっとバイ（生きているのだ）／」**。

「＜世の衆よ（一般市民の皆さん）＞この水俣に環境博を企てる国家あり。／（それは）あまた（たくさん）の人々をなぶり殺しにしたその手で／この事件の幕引きの猿芝居を／演ずる鬼人どもじゃ。／世の衆よ／**この、事態またも知らんふりするか／**」（『常世の舟を漕ぎて』、160〜162頁）。

　ここでは、まず第一に、「チッソ」に対して、水俣病事件は「人間」というものを考えなかったがゆえに起きたものであるから、今こそ「人間の責任」という立場に戻りなさい、「限りなき命」へ戻りなさい。それこそが、被害者・加害者の二項対立を超えて共に生きる唯一の道であるという、新たな共生の立場の提起がみられる。第二は、被害者に対する人間回復の呼びかけである。水俣病改善の道が、認定制度の袋小路にはまり込み、肝心の人間回復の道が忘却されていることへの警鐘である。そのためには、自分もその中で生かされている自然に向き合うことが必要である。第三は、一般市民に対しての呼びかけである。水俣病は「人間無視」が根底にあり、そのことに対して、国家・県は目を向けようとせず、わずかばかりの「補償」で幕引きをしようとしているこの現実に、目を向け共に人間回復の立場に立ってほしいという提起である。この「三者」に対する提起は、「二項対立」を超え、社会的立場を超えて、人間回復を基軸として、平和的共生社会に向かう共通基盤となるものである。

　それゆえ、このような提起をして、チッソ正門前に座っている緒方正人氏に対して、通行人も話しかけてくれたり、挨拶するチッソ関係者も現れた。また草履を作っていると、チッソの従業員がそれを求めたの

で、作ってあげたりしている。また、「わらじ」を作っている緒方氏を見て、「懐かしい」という言葉を発するチッソの労働者に、「会社人間の顔が一瞬消えて、違う表情が現れる」ことに緒方氏は気づいた。このようにして、緒方氏の行動は、「制度」に取り込まれた人々を徐々に人間化させ、対話を可能ならしめたのである。ここに、二項対立を超えた道が実践的に開かれ始めたことを見ることができる。緒方氏は、このような行動を振り返って、次のように述べている。

　「こうやって行動したことにはまったく悔いはないです。自分で決めたことだから。『問いかけの書』を出すだけで終わってたら、『南無阿弥陀仏』と念仏を唱えるだけの人間になってたかもしれない。いわゆる既成仏教、葬式仏教的なものに逃げ込んでいた可能性はあります。しかし、自分を表現したい、自分を確かめたいという気持ちが強かったんでしょう。行動にうつして本当によかったと思っています」（『常世の舟を漕ぎて』、171 頁）。

　緒方氏は、1986 年 1 月 6 日に、チッソ株式会社社長に「問いかけの書」を提出した。そこには共に人間に立ちかえることの呼びかけと自己の行為に対する反省の告白の必要性が述べられている。それに対する返事が不十分であったため、緒方氏は 1987 年 12 月 7 日、チッソ工場の門前に「自分はいつでもチッソの前にいる」ことを確認するため、「身を晒す」という非暴力の行動を実行にうつしたのであった。その行動は、チッソは「自分の出発点であり、表現の場」であると同時にそれは、同時に「自分がいつでもチッソの中に取り込まれてシステムの一員となりうる存在であること」を示すためでもあった。
　緒方氏の行動には「南無阿弥陀仏」への言及にみられるように、宗教性が存在している。緒方氏は「南無阿弥陀仏」を「心の中」だけに閉じ込め、信仰と社会的行動を分離する「教団浄土真宗」を批判する。この批判は、人間が解放されるためには、「こころ」と「社会的活動」は不

二一体であり、自己を絶対化せず、相互関係の中に自己を位置づけ、他者を敵視しない、非暴力的共生の視点が緒方氏には貫かれているからである。この視点は、本来、どの宗教にも存在するものであるが、「欧米型近代」においては、欠落ないしは軽視されている。これに対して、緒方氏の視点は、今日の宗教が陥りがちな、「非社会性」を克服するものでもある。

「欧米型近代」において、主流的宗教思想では、その役割は「心の中」だけに限定される傾向が強い。日本における浄土真宗教団の主流となっている思想においても、同様であり、「南無阿弥陀仏」を観念の世界に閉じ込める傾向が明治以降、強くみられる。そこからは、主体的決断と行動は生まれず、支配的政治的イデオロギーに迎合した行動しか生まれない。これが近代天皇制のもとにあった浄土真宗教団の姿でもあった。

水俣が位置づけられている熊本県は、北陸地域に次いで浄土真宗が人々の生活の中に定着している地域である。しかしながら、この地域の「教団浄土真宗」は水俣病運動に対する支援については、実質的には何も行わなかった。それは、とりわけ明治以降、「南無阿弥陀仏」のはたらきを「心の中」だけに限定し、社会的活動に対しては「世俗法」に無条件に従うことを強制していたからであり、そのイデオロギーが今日も現実的には主流となっているからである。これに対して、「限りなき命につながれ」という緒方氏の思想と行動は、「南無阿弥陀仏」を社会と結びつけ、共生社会の実現を目指す、本来の親鸞浄土真宗を下から、民衆の側から蘇らせる試みにつながりうる。

人間が価値観を転換したとき、それは行動と結合する。とりわけ水俣においては、「水俣病」を克服し、人間性を回復させるためには、価値観の転換が必要であり、それは行動と結合する。その行動を展開したとき、新たな世界が開かれるのである。緒方正人氏の行動は、今まではほぼ不可能であった、他者・敵対者との相互対話の具体化をもたらした。緒方氏の行動は、「みかえり」を求めないものであり、そこに宗教性が

第 6 章

みられる。

　緒方氏は、従来の「認定申請」に特徴的に表れている運動の限界性を感じたとき、人間性の回復への取り組みしか残されていないことにめざまされた。その取り組みの方向が何をもたらすかが不明であっても、主体的にその方向を選択・決断するしかなかった。宗教はこのような決断を可能ならしめ、それを護ってくれるものであり、その具体例として、浄土真宗の源流となる、中国浄土教における善導（613 ～ 681 年）の思想を見てみたい。

2　浄土教における人間の「行動決断」の構造

（1）善導『観經四帖疏』における行動の決断の構造

　宗教において行動への決断と立ち上がりは、どのような構造を持っているのであろうか。この課題について、中国浄土教の大成者であり、法然が依拠した善導（613 ～ 681 年）は、『佛説観無量壽經』の注釈書である『観經四帖疏』の「二河譬」において応えている。これは譬喩として、煩悩の現れに譬えられる、「火の河（激しい怒り・腹立の譬え）」と「水の河（激しい欲望・執着の譬え）」の間に浄土真実世界まで続いた、幅 10 センチメートルほどの道を前にしたとき、旅人（求道者の譬え）がどのような決断をし、実行し西の岸（西方浄土）に到達したかについて述べたものである。

　西（浄土）に向かって、荒野を歩む一人の旅人（求道者）がいる。すると忽然と、目の前に「水・火」の二つの大河が現れた。どうすべきか考えていると、盗賊や恐ろしい獣が現れ、その旅人を襲って殺そうとした。旅人は逃れようとして、西に向かったがこの大河を見て、つぎのように思った。

　　「この河は、南北に果てしなく、まん中に一筋の白い道が見える
　　が、それは極めて狭い。東西両岸の間は近いけれども、どうして渡る

113

ことができよう。わたしは今日死んでしまうに違いない。東に引き返そうとすれば、盗賊や恐ろしい獣が次第に迫ってくる。南や北へ逃げ去ろうとすれば、恐ろしい獣や毒虫が先を争って私に向かってくる。西に向かって道をたどって行こうとすれば、また恐らくこの水と火の河に落ちるであろう。…わたしは今、引き返しても死ぬ、とどまっても死ぬ、進んでも死ぬ。どうしても死を免れないのなら、むしろこの道をたどって前に進もう。すでにこの道があるのだから、必ず渡れるに違いない」（親鸞『顕浄土真実教行証文類（現代語版）』、本願寺出版社、184頁、2000年）。

これは自分が置かれた現実を行動によって克服するための決意を述べたものである。この場合、東方から迫ってくる盗賊・猛獣に立ち向かっていっても、逃げても、その場にと留まっていても、無力な自分の死は明らかである。残された道は、水・火の河の真ん中にある幅10センチメートルほどの道を歩むしかなかった。彼には、この道が正しい道であるという理論的根拠はなかったが、その道が唯一選択できるものであり、その道を信じたがゆえに、歩む決断をしたのであった。この体験は、今まで体験したことのない、他に選択の余地なき自己決断であった。そこには、自己を絶対化した思考の論理は存在しない。

興味深いのは、旅人がその道を歩むことを決断したとき、東の岸からその幅10センチメートルほどの道を行けと勧める呼び声が聞こえ、西の岸からは「来るがよい」と呼ぶ声を聞いたことである。「東の岸」は現実世界を意味し、そこで聞いたのは釈尊の呼び声であり、「西の岸」は西方浄土世界を意味し、そこから聞こえた声は阿弥陀仏の呼び声であった。この旅人は、盗賊たちの「命を奪はないから、引き返せ」という声には耳を貸さず、浄土への道を歩むことを実行した。その道を渡りきれたのは、「東の岸」の釈尊の「行け」という声と、「西の岸」の阿弥陀仏の「来い」という声、霊性の「はたらき」を聞いたからである。

旅人が、この道を選択し、歩もうと決定したのは、彼自身の個人の判

断であったが、その判断の根拠は自分にはなかった。その判断が揺る
ぎないものになったのは、「東の岸」（現実世界）からの、自己の外部性と
しての「行け」という釈尊の呼び声と、「西の岸」（浄土真実世界）からの
「来い」という阿弥陀仏の呼び声を聞いたからである。釈尊は人間の形
をとって、「預言者」として阿弥陀仏の救いを語り掛ける存在である。
しかし釈尊は、すでに入滅しているため、姿は見えず声だけが聞こえた
のであった。釈尊を通じてあらわれた声は、同時に西の岸にある西方浄
土からの阿弥陀仏の声でもあるのだ。

　旅人が、浄土への道を歩むことを実行し、その道を渡り切れたのは、
浄土（真実世界）に生まれたいという願いを彼に起こさせた阿弥陀仏の
「回向発願心」によるものである。彼は、阿弥陀仏から差し向けられ
た、「回向された願心」の「はたらき」に護られたがゆえに、あらゆる
誘惑によっても引き返すことなく、二河へ落下することなく、浄土に生
まれることができたのだ。

（2）緒方正人氏の「決断」と『観經四帖疏』の共通性

　緒方氏は、「人間の責任」を問うため、チッソの正門の前に座るとい
う行動を開始した。それは、従来の運動には、「人間の責任」を問うと
いう視点がなく、共生社会を実現する道が存在しないことを確信したか
らであった。新たな道は、善導が示した道以外にはなかった。「旅人」
（求道者）が救われるためには、「留まること」（何もせず殺されてしまうこ
と）や「逃げること」（逃げても殺されること）ではなく、危険性はある
が、恐ろしい火の河と水の河の間にある細い、浄土に続いている道を選
択し、その道を歩むしかなかったのだ。この道は実践的には証明されて
はいなかった。緒方氏が、結果として何が起こるかを想定することな
く、「チッソ」工場の正門前（正確には横）で「座り込み」を実践したの
は、「旅人」が「二河」の間にある狭い道を選択し、その道に足を踏み
入れたのと同じである。

　緒方氏にとっては、「座り込み」という行為は選択できる唯一のもの

であった。その結果が何をもたらすかの確信も持たずに、「チッソ」「チッソの労働者」「市民」「患者」の中に自己の身を置き、身を晒そうとしたのだ。そのような見返りを求めない、緒方氏の行動は、人々の間にあった「二項対立」的な「遮蔽物」を取り払い、対話・相互交流を、すなわち相互関係性の具体化の道を切り開いたのである。このことが可能になったのは、緒方氏の個人の決断による行動が、「個人の行動」に留まることなく、他者に影響力を与えて、他者との相互関係性を実現する普遍性を内在する行動であったからであろう。その決断の行動と普遍性が一体化したのは、善導の「二河喩」における「釈迦弥陀二尊」の「行け」「来い」という呼び声を旅人が受け止めたのと同じことが、行動をおこした緒方氏にも生じたからであった。それが「限りなき命につながれ」という外部性としての絶対者の「呼び声」であったのだ。それゆえ、緒方氏の行動は、普遍性をもち、人々の意識を変えたのであった。緒方氏も、このような「座り込み」の活動を通して、「二項対立」を超え、すべての人間が平和的に生きる道筋の実践的可能性を確信したのであろう。それゆえ、活動は「座り込み」以後、新たな展開を見せるのであった。

　緒方氏は、1987年12月7日から「チッソ」工場の正門の前で「座り込み」を行い、その行動の中で、自然に他者との対話がなり立ち始めたのを実感した。おそらくそれは、「釈迦弥陀二尊」の「本願」の呼び声に対比されうる、「限りなきいのち」の呼び声を心の耳で聞いたからであろう。緒方氏は、「座り込み」で得た実践的成果をさらに新たな共生平和運動へと発展させるために、石牟礼道子氏等と共同で「本願の会」を1994年3月発足させる。「本願の会」は、「政治的和解決着」がいわれるようになってきた現実の中で、「水俣病事件」を風化させることなく、平和的共生社会構築に向けてどのように継承していくべきかの運動を引き受ける役割を果たすこととなったのである。

第 6 章

---

3 「本願の会」の活動の意義

(1)「本願」とは何か

「本願の会」は、上田義春氏、浜本二徳氏、緒方正人氏、杉本栄子氏、杉本雄氏、石牟礼弘氏、西弘氏、石牟礼道子氏らの集まりを契機として発足した。(『環』Vol.25、158 頁、藤原書店、2006 年)。以前から「水俣病」問題については、「政治的和解決着」が問題となってはいたが、「政治的和解決着」の後をどうすべきか、だれが引き受けるべきかが問われる中で、「本願の会」は生まれた。緒方氏は「本願の会」の誕生について次のように述べている。

> 「いままでの患者団体とか支援団体の名称からすると、この『本願の会』というネーミングはいままでにはなかった、ちょっと宗教性をにおわせるような名称になっているわけです。この時に、じゃあ、どういう名前の団体をつくろうかというので、みんなで考えようということになって、『本願の会』というのはどうだろうかと提案をしたのは、私だったと思います。名前を提案した立場上も、じつは『本願』とはなんだろうと、いまだに考えさせられています。思い当たるところでは、『命の願い』ということが『本願』という言葉にこめられているのではないかと思ってきました。いわゆる浄土真宗の本願寺の『本願』というのがヒントの一つになったことは確かですけれども、私自身は、そういう宗教心は、それ以前にはほとんどなかったものですから、『命の願い』というのが『本願』という名にこめられていて、おそらくこの 10 年来、もっとも活動的な団体ではなかったかと思っています」(「魂うつれ」、『環境』Vol.25, 藤原書店、160 頁、2006 年)。

緒方正人氏は、「本願」とは「命の願い」であると捉える。この捉え方は、浄土真宗の開祖・親鸞の捉え方と一致している。なぜなら、「本

117

願」とは、阿弥陀仏の衆生救済の願いであり、その救済の「はたらき」
であり、阿弥陀仏の本質は「無量光（限りなき智慧）」であると同時に
「無量壽（限りなきいのち、慈悲）」でもあるからだ。緒方氏は、本願寺教
団には一定の距離を持っているように思われる。これは、おそらく本願
寺教団や教団に属する、その地域の真宗寺院や僧侶が、一丸となって門
徒（信者）である「水俣病患者」に寄り添って、問題解決に取り組む姿
勢を見せなかったからではあるまいか。緒方氏は本願について、さらに
次のように詳しく言及している。

　　「本願とは、大いなる自然の命に繋がる、そのことに目覚めるとい
　うことだと私は思います。…（本願とは）私としては、共に命として
　あらんことを願うというふうで、その願いとは、実は私たちの方にか
　けられている。私たちが願っているということだけでなくて、おそら
　く、私たちの方にかけられた願いだろうと思います。水俣病事件につ
　いても、水俣病が問いかけるもの、問いかけることというときに、問
　いかけられているものは、その本願だろうと思います」（『チッソは私で
　あった』、147〜148頁）。

　緒方氏においては、本願とは、大いなる自然の命に繋がることへの
「めざめ」であり、それはわれわれにかけられた「ともに命としてあら
ん」という願である。「大いなる自然の命」とは、物質としての「自
然」のみならず、「限りなき命」としての「阿弥陀仏」の衆生救済の
「はたらき」でもある。親鸞によれば、「自然」とは衆生に対する阿弥陀
仏の「転悪成善（悪を善に転じること）」の「はたらき」であるが、それ
は、自然における具体的個物を通しての語りかけとなって現われる。
「いのち（生命）」の本質は、その「はたらき」にあると緒方氏は述べて
いるが、それは本願と同義の「魂」でもあり、「問い、問われる、考え
続けていくという運動性を魂はもっている」のであり、その「はたら
き」から、われわれは「メッセージ」を感じ取ることが必要なのであ

第6章

る。緒方氏の行動は、このような「本願」、「大いなる自然の命」の呼び
かけ、メッセージを受けとめ、それと一体化したゆえに、自然に「二項
対立」を超えた、他者との対話が生まれるという普遍性を獲得したので
ある。

（2）親鸞浄土思想の現代化としての「本願の会」の思想

　われわれは緒方氏の行動への決断、その決断が「大いなる自然の命」
と一体化したものであることが理解でき、そこに善導の「二河譬」にお
ける、浄土へと歩む旅人の姿と同じものをみることができる。
　「本願の会」の「本願」とは、本来は浄土教における阿弥陀仏による
衆生救済の「誓い」「願い」とその「はたらき」を意味する。水俣は、前
述のように浄土真宗が北陸に次いで歴史的に栄えていた地域であり、そ
の思想は人々の生活文化の中に浸透している。門徒と呼ばれる浄土真宗
信者は、日常的に『正信偈』（親鸞著『教行信証』の「行文類」巻末の念仏讃
歌）を勤める。『正信偈』は、「帰命無量壽如来」という言葉で始まる。
この冒頭の「帰命無量壽如来」は「限りなきいのち（無量壽）」としての
仏に、生命の本源に、帰れという呼びかけであり、それに従うという決
断を意味する。この「限りなきいのち」は、阿弥陀仏の衆生救済の誓い
であり「はたらき」であり、それが「本願」なのである。
　『正信偈』は、「本願」の「いわれ」と衆生救済の展開をときあかした
ものであり、阿弥陀仏の「この上なくすぐれた願（本願）」の展開を示
したものである。この「本願」を成就した阿弥陀仏は、光明（智慧）を
放って、広くすべての人々を照らす。その光につつまれることによっ
て、すべての人々は、自己中心主義の愚かさにめざまされるのである。
　「本願の会」という名称は、水俣地域の生活の中でもっとも身近な浄
土真宗の「キー・ワード」の「本願」に基づいたものである。「本願」
という言葉は、『正信偈』の中にも何か所かにみられる。例えば、「如来
所以降興出世、唯説弥陀本願海（釈尊を始めとする諸仏がこの世に現れた理
由は、ただ阿弥陀仏＜かぎりなき命＞による衆生救済の願いと、その「はたら

119

き」を説くためであった)」、「憶念弥陀佛本願、自然即時入必（阿弥陀仏＜かぎりなき命＞による衆生救済の願いと「呼びかけ」を信じれば、おのずから、ただちに、現世において弥勒菩薩と同様に、他者と連帯し他者救済活動が可能となる)」。「本願」とは、「限りなき命」による衆生救済の「呼び声」であり、それは絶望的な現実世界に向けて、“かぎりなき命とのつながりにめざめよ”という呼びかけとなってあらわれる。それを受け留めることによって、自分を見つめる新たな自己が誕生し、われわれは自己客観化が可能な主体的人間となることができる。このような人間は他者との対話交流ができる人間であることが、緒方氏の「座り込み」の結果からも明らかとなる。「限りなき命に繋がる」ことは、すべてのものは、その「限りなき命」と等位関係にあることであり、同時にすべての存在は異なりつつも、相互関係の中にあることを示している。ここに、われわれは、「二項対立」を超えた「相互関係性」の世界を実感できるのである。この「相互関係性」を具体化するためには、地域に根差した「土着文化」の現代化が求められるのである。

　従来の水俣病患者運動は、前述のように「二項対立」が基盤となっていた。この現実に気づいたとき、あきらめて自己の世界に閉じこもって、心の平安を求めるのではなく、「二項対立」を克服する闘いが必要であった。その闘いは、自己客体化を可能ならしめた「限りなき命」からの、「もとの命につながれ」という呼びかけに「めざまされた」人々の闘いであった。それこそが、「欧米型近代」の呪縛のもとにあるすべての人々が解放されるべき闘いであった。その先端に立ったのが、「本願の会」であった。緒方氏は次のように述べている。

　「では、なぜ闘いが必要だったのかということですが、おそらく、そのような水俣の漁民や被害者たちの精神的世界からの呼びかけこそ、闘いの最も肝心なところではなかったのか。つまり、命の尊さ、命の連なる世界に一緒に生きていこうという呼びかけが、水俣事件の問いの核心ではないのかと思っています」（緒方正人『チッソは私であっ

た』、69頁）。

「本願の会」は、「二項対立」を超えて、すべての存在が立つべき共通の場を求め、その場所を「水俣の埋立の地」に定め、そこに「野佛さま」を建立し、それを仲立ちとして、「社会的立場を超えて」共生の出会いをつくることを決意している。そしてその具体化の一つとして、新作能『不知火』の上演の実施を提起した。上演実施のためには、社会的立場を超えた「実行委員会」が必要であり、その実現のためには、地域のだれもが理解できる共生の理論を、地域に根差した土着的文化からつくりあげることが求められた。その基本にあるのは「相互関係性」であり、その内容を構築するのは、土着文化の「ぬさり」「ご互い」「もやい直し」という概念であった。

---

4 「ぬさり」「ごたがい」「もやい直し」概念の宗教性と新作能『不知火』の上演運動

（1）「ぬさり」「ごたがい」「もやい直し」と相互関係性の概念

「本願の会」の活動には、授かりものとしての命を意味する「ぬさり」、相互関係性を意味する「ごたがい」、共同体の連帯の実現をはかる「もやい直し」などの、地域に根差した土着概念が存在する。石牟礼道子氏等と協力して「本願の会」を立ち上げた緒方正人氏は次のように述べている。「『ぬさり』、あるいは『のさり』」は熊本の方言で、授かりものという意味です。それもこれも縁として、授かりものとして引き受けて生きていかねば…、という思いがそこに込められている。…もうひとつ、『ごたがい』というのがあります。…それは人間同士の間でお互いに依存しあい、助け合って生きているということだけを意味するわけじゃない。『ごたがい』には、海も山も何もかも含まれとっとですよ（含まれています）。我々人間は『ごたがい』の環の中にあって、そのお陰で生きている」（緒方正人『常世の舟を漕ぎて』、228〜229頁）。

121

「ぬさり」とは、自己を超えた存在者（絶対者）から「縁つながり」として、いただく尊い授かりものであり、「いのち」としてのその「授かりもの」は、自分勝手に処分できるものではなく、それを受け止め守り育てねばならない。「授かりもの」としての「いのち」を与える絶対者はすべての存在を差別しない。この絶対者の下では、すべての多様な存在者はつながっており、平等である。このような共通理解を持つことによって、他者とのつながりが自覚される。

すべての存在者のつながり、相互依存性を意味する言葉が「ごたかい」である。「ぬさり」の理解は、「ごたがい」という相互関係性の中で明確になる。「ぬさり」と「ごたがい」は相互に関係しあっており、人間はその関係性の中で生かされるのである。その人間の関係性、人間相互の繋がりを現実化したのが「共通の海」を媒介とした、相互に繋がりあう生活共同体なのである。この共同体を活性・再生化させるのが「もやい直し」なのだ。

「もやい」とは、人間の孤立化を相互関係の中でときほぐし、連帯を可能ならしめることを意味する。したがって、「もやい直し」とは、非暴力的に共同体を再生・活性化させる実践を意味する。その具体的取り組みが、新作能『不知火』の上演運動であった。この運動は、「水俣病闘争」の中で生まれた「加害者」「被害者」の二極対立の構造に般市民も辟易していた状況を克服するものであった。その克服は、「加害者」も「被害者」も共に立つ場を見出すことであった。その場は「水銀ヘドロで埋め立てられたあの水俣の土地」である。「水俣で死んでいった死者たちを呪術的な表現で甦らせることで魂の深いところに訴え、生きている側の人間たちに、より強い悔恨と哀しみを呼び起こすことのできる」(田中優子『苦海・浄土・日本』、集英社新書、220頁、2020年)、新作の「能」をその場所で上演することこそが、対立を克服するものとなるのだ。そのための実行委員会を、土着の言葉で「各々の立場を超えた人々の助け合い」を意味する「加勢」委員会と名付け、「加害企業」である「チッソ」にも「本願の会」は参加を呼び掛けた。その結果、部長、工

場関係者、社員ら 40 名近くが参加し、新作能『不知火』の上演は成功
した。

（２）新作能『不知火』（石牟礼道子）の意義

　「本願の会」の杉本栄子氏は、重症で身動きも不自由であった。その
杉本氏の、「人間の罪に対して、自分の罪に対して祈っている」という
言葉を聞いた石牟礼道子氏は、次のように述べている。「罪なくして苦
悶のどん底に落とされた人が、人間たちの罪を全部引き受けるとおっし
ゃるのである。チッソの罪、政府の罪とはあえておっしゃらない。人間
の罪、それは患者である自分が引き受けたと。さらにその罪を、自分
の『守護神にする』のだと。…ひょっとすれば、水俣の業苦の中から、
神に近い人々が生まれつつあるとわたしは思う」（『石牟礼道子全集（第
16 巻）』、藤原書店、37 頁、2013 年）。また緒方正人氏は石牟礼氏に次の
ように述べている。「俺は立場を変えればチッソと同じやったかもしれ
ん。従ってチッソも救われんことには、患者も救われん」（前掲書、40 頁）。

　この言葉は、石牟礼道子氏が新作能『不知火』を生み出した原点で
ある。新作能『不知火』は、「この世の毒をさらえる龍神の姫と弟の死
と、魂の復活の神話」である。石牟礼道子氏によれば、その内容は、水
俣を象徴してはいるが、「日本人の魂の行く末を念じる気持ち」をも込
めたものである。この物語の粗筋は以下のとおりである。

　魂を抜き取られ、生きてはいるが亡骸になったことを知らない人間
は、母なる海や大地を毒によって妖変させた。龍神の姫である不知火
と、弟神である常若は、「人間界の毒を海陸ともにさらえる使命を持っ
ているがゆえに、人間たちが滅ぶまえに死んでいく」。末世に現れる救
世菩薩（穏亡の尉）はこの二人を憐れんで結婚させ、自分が呼び寄せた
怪神・夔は水銀にまみれた浜の石を打ち鳴らす。するとこの神が歌う
と、死んだ猫たち、百獣が胡蝶となって、舞い出て蘇る。

　この作品には、尊い犠牲をへて、二項対立を超えた平和的共生社会を
作り上げようとする強い願いが込められており、その上演運動は、立場

123

の異なる人々が「共に命としてあらん」という願いを具体化させたものであった。この「人と自然との共生、人と人との共生」を現実化させた運動の力は、それ以後の社会政治的課題においても大きな役割を果たした。それは、2006年2月、水俣市の山間部における産業処分場建設問題をめぐる市長選挙においても、「水俣病患者と一般市民が一致して反対し、それが反対派の候補者の圧倒的な勝利に結びついた」（鶴見和子「もやいなおし」、『環』Vol.25、6頁）ことにも見ることができる。

まとめにかえて

「本願の会」の活動は、自己もその一部である「自然」、自己が育てられてきた「自然」を二重化し、そこに現れる「無量寿という限りなき命の存在者の呼びかけ」にうなずくことが基軸となっている。そこに至るためには、自然の「材料」化と物質的豊かさの追求によって自動的に人間の幸せが得られるというイデオロギーの克服が必要であった。なぜなら、「水俣病」をもたらした直接的責任は、チッソ・国・熊本県にあることは事実であるが、「物質的豊かさ」の追求という点では、市民もそれに「加担」したといえるからである。このイデオロギーの克服には、自己中心主義の生き方から相互関係性を基軸とした生き方へと変革することが要求される。自己の生き方の変革においては、宗教は「科学」とは異なった、「自己を問う」重要な役割をはたすことができる。価値観の転換と行動において最も重要な役割を果たすのが、地域に根差した土着の宗教文化である。「本願の会」の運動は、「限りなき命」の呼びかけを基軸とすることによって、「自己中心的価値観」の非人間性を問い、人々に相互関係性、差異と平等の併存の自覚をもたし、立場を超えた共同の実践の血肉化が可能となったのである。このような地域の土着の宗教に根差した活動は、「科学」「政治」では変えることのできなかった、二項対立的・非人間的な現実を非暴力平和共生社会への変革へと導いたのである。

第7章

平和構築を宗教から考える

真宗僧侶・高木顕明を通して

尾畑文正

おばた・ぶんしょう

1947年三重県に生まれる。同朋大学卒業、大谷専修学院卒業、大谷大学大学院博士課程満期退学。博士（文学）。現在、同朋大学名誉教授。真宗大谷派南米開教前監督。真宗大谷派三重教区泉称寺前住職。著書に『願生浄土の仏道—世親・曇鸞そして親鸞—』、『真宗仏教と現代社会』（福村出版）、『親鸞聖人の手紙から』、『仏さまの願い—四十八のメッセージ』、『Q&A 浄土真宗の？に答えます』（東本願寺出版）、『社会に関わる仏教—この現実のただ中で—』、『親鸞を生きるということ』、『親鸞への旅』（樹心社）、電子書籍には『歎異抄に学ぶ』（響流書房）、『選択集講義』（仏教文庫雑華堂）、『私の真宗放浪記』（仏教文庫雑華堂）がある。

1　はじめに

　気候変動が世界を覆う現状の中、ロシアによるウクライナ侵攻は泥沼化し、戦争が 2024 年 6 月現在においても全く見えてこない。同じこの時期、イスラエルによるパレスチナ自治区ガザへの攻撃は大量虐殺の場となっている。平和への展望をどこに求めたらいいのか。悲惨としか言い表すことができない。

　アジアにおいてミャンマーでは軍事政権が民衆の声を抑えて、民主政治が見えなくなり、局地的な戦闘状態も生まれ深い危機に陥っている。東アジアにおいても周知のように、台湾をめぐる米中日の政治状況、そして未だ軍事的な緊張関係にある朝鮮半島での危機的状況の常態化、それらが緊張をましている。

　日本では政府が沖縄の民意を無視し、沖縄・辺野古に新基地建設を強行している。これは日米安保体制の結果であるだけでなく、日本における沖縄に対する構造的差別の現実である。かつて琉球王国の首里城正殿には通称「万国津梁の鐘」と呼称されていた「首里城正殿の鐘」が架けられていた。

　「万国津梁の鐘」の「津梁」とは「渡し場の橋」と言う意味である。従って、「万国津梁」とは琉球は全ての国との貿易を通じた交流を目指す国でありたいという国家理念を表している。その前提はいうまでもなく各国との「平和交流」である。この「万国津梁」の言葉が表す琉球王国の国家理念は日本の琉球支配により無残にも崩されている。

　2023 年 12 月 22 日に日本政府は国会審議もなく「防衛装備品の輸出ルールを定めた防衛装備移転三原則と運用指針を改定した。直ちに新規定を適用、米国企業のライセンスに基づき日本で生産する地対空誘導弾パトリオットの米国への提供を決定した」(2023・12・23 中日新聞) という突然の新聞報道に接した。禁断の武器輸出を行使するというのである。

　日本は 1947 年 5 月 3 日施行の「日本国憲法」前文で「日本国民は、

恒久の平和を念願し、人間相互の関係を支配する崇高な理想を深く自覚するのであつて、平和を愛する諸国民の公正と信義に信頼して、われらの安全と生存を保持しようと決意した。」と平和国家建設を表明し、それの具体化として第九条に「戦争放棄」を掲げて武力なき平和を世界に誓った。それは侵略戦争に対する一つの戦争責任の取り方であった。

しかし 2023 年 12 月の武器輸出緩和のメッセージはその願いに全く背く、まさに日本の危機である。平和構築をこそ日本の国是であったものを全く反故にする政治ではないか。さらには 2024 年 3 月 26 日には英国、イタリアと共同開発している次期戦闘機を日本から第三国への輸出解禁の方針を閣議決定している。

これらの世界の状況、日本の状況のいずれも、仏教的観点からいえば、浄土経典『無量寿経』に釈迦の言葉として記される「強きもの弱きを伏す」に符合する歴史的現実である。このような言葉に学びながら、あらためて仏教（宗教）と歴史的現実との関わりを通して、「アジア宗教平和学会」が掲げる現実問題としての平和構築の課題について考察してみたい

2　論究のための前提

元来、仏教は現実問題を捨象しては成り立たない。衆生の苦悩と切り結ばない仏教は仏教ではない。それは現実の不正・歪み・矛盾を覆い隠す擬似仏教である。釈迦の仏教は人間の「生老病死の苦悩」から始まる。阿弥陀仏を掲げる浄土教仏教においてはより明確に、阿弥陀仏の本願として衆生の苦悩を課題にしている。この原点を無視するならば、浄土教仏教のリアリティはない。

先に掲げた『無量寿経』は、親鸞（1173 ～ 1262）によれば「如来の四十八願をときたまえる経なり」（『尊号真像銘文』）とあるように、経典には主題的に阿弥陀仏の本願が説かれている。その第一願は苦悩する衆生の現実を「地獄・餓鬼・畜生」という「三悪趣」の世界として表して

127

いて、この三悪趣から衆生を解放する世界が浄土という阿弥陀仏の本願の国土としてあらわしている。

浄土は阿弥陀仏の大悲の象徴である。それは衆生の現実を表現する三悪趣のない世界である。つまり、地獄は戦争の世界であり、餓鬼とは差別の世界であり、畜生とは抑圧の世界である。まさに現代社会そのものではないか。そこから衆生を解放する。それが衆生の悲痛に向き合う阿弥陀仏の本願の原点である。

このような課題を持つ浄土教仏教を通して、現代における平和構築の問題について考えたい。その問題関心から、本論文においては現前の現実問題を見つめ、深く宗教的世界に関わり、その結果として権力の弾圧を受けた浄土真宗の僧侶・高木顕明（1864〜1914）を通して、宗教における平和構築の課題について、何が不可欠な問題であるか、そういう問題提起をさせていただきたい。

3　なぜ高木顕明なのか

高木顕明がなぜ平和構築の課題を担う手がかりになりえるかといえば、彼は社会主義者との関わりはあったものの彼のいうところの社会主義とは、この論文の参考資料として最後に添付した、彼の小論文『余が社会主義』を読めばわかるように、彼がいう社会主義とは、マルクス・エンゲルスが掲げる、いわゆる科学的社会主義というのではなく、真宗僧侶としての高木顕明の生き様を支えた親鸞の浄土真宗こそが、彼がいうところの社会主義の中身であったからである。

つまり、「浄土」それは阿弥陀仏の本願の世界であるが、その超越的世界（彼岸の世界）と現実的社会（此岸の世界）、仏教的にいえば、浄土と穢土との関わりの中で、人間の現実的な生き方を問題にしたところに高木顕明の社会主義の特徴がある。すなわち、超越的世界である阿弥陀仏の本願を根拠にした社会に関わる仏教の姿こそが高木顕明がいうところの社会主義である。そういう観点から、超越的世界との関わりの中で平

第7章

和構築を考える人物として、高木顕明は最もふさわしい人物である。

　その高木顕明の思想は明治の日本国家と鋭く対立する質の思想であった。明治時代の日本は、いわゆる欧米社会の帝国主義政治に対して、無批判に追随し、その後を追いかけ、日本を「富国強兵・殖産興業」の旗印のもとで帝国主義化しようとしていた。そのような日本の国家意志と、高木顕明の思想は高木顕明が意識するか意識しないかに関わらず、日本国家の政治意識と対立することとなった。なぜなら高木顕明の求道心は現実生活と浄土真宗の教えとの格闘の中で自己形成されていたからである。

　それは言うなれば、生活の中で真摯に親鸞の思想と信仰に向き合うならば、誰においても生み出されるところの思想形成であったと思われる。ただし、残念ながら、多くの場合はそういうプロセスを経ないで、現実から逃げるか、妥協するかである。高木顕明は戦争と差別の現実に向き合った。そのことが正反対の権威主義、覇権主義、差別主義、国家主義をその実態とする明治の国家体制により、やがて高木顕明の思想は国賊、逆徒として告発され、無実の罪を課せられることになった。それが後に説明する「大逆事件」であり、それにより明治の国家意志の判断で死刑判決を受けることになる。

　つまり、高木顕明は、信仰者として超越的世界に深く関わり、その世界を拠り所にして現実世界、すなわち明治の覇権主義的国家に批判的に関わりながら生きた。その結果、やがて人間の欲望を中心にして形成された体制社会から抹殺されていくことになった。ここに、宗教と現実社会との関わりについて、あらためて高木顕明の生き方を学ぶことを通して、宗教とはなんであるのか。現実社会とはなんであるのか。相互に関わるとはどういうことなのか。平和問題とはどういうことなのか。高木顕明の生き様を媒介にして、そのような問題を改めて問い直していく必要があるのではないか。

　もちろん、高木顕明の場合においては、その結末は、あまりにも悲劇的な現実を生み出し、全く不本意にも高木顕明は逆徒とされ冤罪事件の

129

被害者となり、死刑判決を受け、その後は無期懲役に減刑されるも、彼は収監先の秋田監獄で恩赦を望みながらも果たされなかった。路頭に迷う家族に対する愛惜の念も含めて、無念のうちに国家の無慈悲な仕打ちのなかで自死をすることになる。

　しかし、高木顕明が生きてきた歴史とその思想は、日本の敗戦を期にして、捏造された「大逆事件」の陰謀も含めて公に知られることとなった。高木顕明の歴史と思想は研究者の熱意と努力により実証的に検証され、現在も学び続けられている。高木顕明の命日である６月24日近くの土曜日には毎年、高木顕明が住職をしていた和歌山県新宮市の真宗大谷派に所属する浄泉寺で「松遠忌」と名付けられた法要が行われている。多くの人々が集い、学習と顕彰のための法要となっている。

　このように現在、かつては逆徒とされた高木顕明は、明治時代の帝国日本の只中で、親鸞の教えを学び実践して生きた人として顕彰されている。けれど問題はそれで終わるのではない。高木顕明を結果的に死に追いやった政治権力は明治の時代で終わった訳ではない。現代にまで続く民衆支配の現実を問い続けることである。そうでなければならないにも関わらず現実は、国家に追従して「ただ念仏して、弥陀にたすけられまいらすべし」（『歎異抄』）と、世間に媚びることなく、世間は虚仮であると認識し、阿弥陀仏の本願の呼びかけである念仏だけを信頼し、帰依する親鸞の教えにも背く形で、高木顕明を教団から永久追放（但し、教団は1996年に高木顕明の教団内処分を85年ぶりに取消し、謝罪をした）するような真宗大谷派教団の政治とその教学を問い直していかなければならない。

　その意味で、国家が捏造した冤罪事件である「大逆事件」と、それに連座したと言いがかりをつけられて逆徒にされた高木顕明を介して、私たちの平和構築の課題について考えることにしたい。高木顕明は釈迦が『無量寿経』で語る阿弥陀仏の本願に呼応して、明治の時代を生きた非戦の人であり、非暴力主義者であり、南無阿弥陀仏と念仏申す信心の人であった。

130

第 7 章

　高木顕明こそは生粋の仏教徒であった。そういう高木顕明であるがゆえに、高木顕明の思想と信仰は、現代における宗教を根拠にした平和構築を考えていく「アジア宗教平和学会」において、課題にすべきにふさわしい人物ではないかと思い提言することである。

4　高木顕明の概略

　先に少し触れたように高木顕明が連座したとされ死刑判決を受けた「大逆事件」は現代においては完全な冤罪事件であると研究者により論証されている。「大逆事件」とは天皇に逆らった全ての事件をいう言葉であるが、ここで問題にする「大逆事件」は明治時代に日本国家が反体制主義者を根こそぎに排除するため、1910 年（明治 43 年）に捏造した冤罪事件を指す。

　またこの事件は国家により首謀者に仕立て上げられた社会主義者・幸徳秋水（1871 年（明治 4 年）〜 1911 年（明治 44 年））の名前をとって「幸徳事件」とも呼ばれている。この「大逆事件」にメンバーの一人であると決めつけられ、全く不当な死刑判決を受け、翌日に恩赦により無期懲役に処せられた真宗僧侶が高木顕明である。

　この高木顕明が生きた時代の日本国家のスローガンは先にも述べたように「富国強兵・殖産興業」である。欧米の帝国主義国家を模倣して、日本はアジアに君臨することを目指した。その野望は日清戦争、日露戦争を経て、ますます肥大化していくことになる。台湾、並びに朝鮮半島の植民地化がその酷い歴史である。

　その日本の覇権主義、国家的野望を実現するためには、先ずは国内の反体制主義思想、その実践者を取り締まり、その思想と行動を根絶やしにすることが求められていた。そのために捏造されたのが 1910 年の「大逆事件」であった。まさに国家による思想弾圧の犯罪事件であった。

　この事件では 26 名が起訴され、その内の 24 名が死刑判決を受け、翌日に 12 名が無期懲役に減刑される。翌年の 1 月 24 日、25 日に 12 名が

131

処刑された。無期懲役を受けた1人が真宗僧侶・高木顕明である。先にも触れたが、彼は東北の秋田監獄に収監されたが、三年後の1914年（大正3年）6月24日に秋田監獄内で縊死する。

　高木顕明の死についてはいくつか話題にされているが明確な資料はなく伝聞と推測の域を出ない。しかし、高木顕明は死刑から無期懲役に減刑されるも、二度の恩赦からも外され、国家から大逆の罪を問われ、真宗大谷派教団からは僧侶の資格を剥奪され、教団からの永久追放を受けている身である。その結果、家族は寺院を出て路頭に迷うこととなる。その家族を助けることもできない。そういう現実を背景にして彼の死を考えるならば、明確な遺書による表示はないが、その縊死の事実に、非戦平和の思想を弾圧し大逆事件を捏造した国家の非道・永久追放する教団の非情に対する悲しみと憤りの塊を私は感じないではおれない。

　日本国家と真宗大谷派教団の罪は深い。だからこそ、高木顕明の思想と行動に光を当てて、宗教と現実との関わり、宗教における国家批判、つまり戦争する国家、差別する国家に宗教はどう関わるのか。こういう論議を深め、高木顕明の思想と信仰を顕彰し、そこから私たちの平和構築の課題と方向を探りたいと思う。

5　高木顕明はいかなる人物か

　高木顕明は1864年に現在の愛知県名古屋市に生まれた。1888年、24歳で真宗大谷派の僧侶となる。1897年（高木顕明33歳）に和歌山県新宮市の浄泉寺に入る。そこで日本における部落差別の現実に生活を通して触れ、宗教者として部落問題に深く関わる。

　また当時の公娼制度にも反対の態度を明らかにした。さらには戦争で死亡した兵士たちを英霊として賛美する記念碑建設にも反対した。そういう体制社会に異議をとなえる高木顕明は、おなじく体制社会に異議を持つ人たちと出会うこととなる。

　高木顕明が新宮において出会った人たち、崎久保誓一、大石誠之助、

132

峯尾節堂、成石平四郎、成石勘三郎、沖野岩三郎らとの交流で大きな力を得る。やがてこれらの人々も、四国から社会主義者・幸徳秋水が新宮に来た時に語らいあったということで、沖野岩三郎以外は「大逆事件」に関わったとされて死刑判決となる。

6　高木顕明と社会問題との関わり

　先に述べたように高木顕明は新宮市にある真宗大谷派に所属する浄泉寺の住職となり、そこで被差別部落の人々と出会うこととなる。日本における被差別部落の形成については、様々な説があるが、現象的には、ある特定の民衆を様々な理由をもって差別し抑圧する社会構造である。例外はあるものの多くの場合は社会的貧困層を形成していた。

　高木顕明は浄泉寺の住職となることにおいて、浄泉寺のメンバーの中で、特にそのような貧しい被差別部落の人々と出会うことになる。その出会いがかつては被差別部落に対して差別的意識を持っていた高木顕明を問い直し、被差別者と共に生きる生き方が課題とされていった。それはまさしく高木顕明の生き方に、親鸞の阿弥陀仏の本願を根本的課題（宗）として生きる覚悟が反映されていたからであろう。

　つまり、差別の現実を自分の自己中心的な分別心で判断し差別的に決めつけるのではなく、そういう自分の判断と決定を根本から問い直す根源的な批判の眼（仏の眼）が、親鸞の教えを通し、さらには差別の現実を通して、高木顕明自身の差別性を照らし出したのである。差別者としての自分を照らし出されたものは、その差別者の現実に居直ることはもはやできない。それが自覚というものである。そこから高木顕明は反差別の生き方を実践することとなっていった。

　ここに阿弥陀仏の本願からの呼びかけである念仏（親鸞は念仏をそのように解釈する）、その念仏を申すことにおいて、自らと出会い、他者と出会い、仏道を歩む者となる。私はこの高木顕明に念仏者の典型を見る。

　しかしそういう高木顕明を理解した人たちは、同じ宗教を歩む浄土真

133

宗の人たちではなく、社会主義者であり、キリスト者であった。新宮市においては高木顕明が所属する真宗大谷派寺院はなく、高木顕明と行動を共にする真宗僧侶はいなかった。また真宗大谷派の寺院があったとしても、真宗大谷派教団は事件が発覚するや否や彼を排斥したほどであるから、高木顕明を理解できたかどうかはわからない。

　そういう現状の中で、理解者は教団内にはいなかったものの教団外の世界にはいた。それが高木顕明との直接のつながりはないものの「地図の上朝鮮国にくろぐろと墨をぬりつつ秋風を聴く」と歌った、朝鮮半島を植民地支配する日本を批判する同時代の詩人石川啄木であった。石川啄木は「大逆事件」の弁護士であった知己の平出修から秘密裏に裁判資料を借り受け、読破した結果、この「大逆事件」の本質を理解した人であったと山泉進（明治大学教授）は論文「「大逆事件」とは何か」（『身同14号』(1995年8月)で記している。

　山泉進は別の論文（真宗ブックレットNo8・『高木顕明』(2000年5月)で「ところで「大逆事件」といわれるものは、石川啄木が見事にみぬいたように、三つの相異なる「事件」が一つに構成されたものである（24頁）」と述べる。その三つとは、一つ目の長野県の明科（あきしな）での「爆裂弾（カンズメ爆弾）製造事件」である。二つ目は1908年11月に東京巣鴨の平民社で、物証も何もない天皇暗殺計画が幸徳秋水を中心に謀議されたとの説と、三つ目は曹洞宗僧侶・内山愚童の放言から起きた無内容にして無計画な「皇太子暗殺」の放談話の三つである。これが「もともと関連性のない三つの「事件」が、幸徳秋水をキーパーソンにすることによって、結びつけられ、一個の大事件にフレーム・アップされたものが「大逆事件」の本質である」(同上27頁)と記している。

　真宗大谷派教団はこのような知見の外にいた。あるいはそういう認識も関係ないほどに、真宗大谷派の教団とその教学は時代社会を問い直すことのない存在であったと言える。このように仏教に関わるものが時代と社会に無関心であったことは当時だけの問題ではない。そういう社会に関わらない仏教こそが今に続く現実的な教学問題ではない

かと私は思う。なぜなのか。それが小論を提起する一つの問題認識で
もある。

　ともあれ、私も所属する真宗大谷派教団は、高木顕明を理解するど
ころか、一方的に国家が捏造した「大逆事件」に連座した「逆徒」と
して処分した。これが親鸞の教えに学ぶ真宗大谷派教団の当時の現実
であった。そのために、日常的に同じく社会のあり方に疑問を持つ新宮
市の社会主義者たちとの関係も深まっていったことも理解できる。それ
が社会主義者たちと共に「大逆事件」に連座する状況的な原因でもあ
る。当然であるがそれは全く否定されるべきことではない。

7　高木顕明の思想

　高木顕明は日清戦争、日露戦争と膨張する日本の帝国主義化の現実の
中で、それに異議を申す社会主義者たちとの交流により社会問題に一層
関心をもったということは違いないであろう。しかし、先に述べたよう
に高木顕明が社会に関わる仏教に向かっていった重要な要因としては被
差別部落の人々との出会いがあった。

　また仏教伝道で関わりを持った鉱山労働者との関わりがあった。さら
には当時の代表的な仏教者までもが親鸞の念仏思想を曲解して、僧侶と
して好戦的に戦勝を吹聴する戦争翼賛の言辞があった。その仏教学者の
言論に鋭い批判をあびせた。戦争教学に対する高木顕明の明確な批判で
ある。

　また当時の公娼制度を問題にした。新宮市にその施設が開設されるこ
とに反対の立場をとった。そういう現実問題に否定的に深く関心を寄せ
ていた人が高木顕明である。決して戦争する、差別する現実を看過する
ような人ではなかった。多くの仏教者が戦争する、差別する現実を肯定
する中では、どこまでも仏教徒として生きた人であった。

　そういう社会の現実を直視する中で、親鸞があきらかにする浄土真宗
の教えに学ぶ念仏者として、高木顕明は社会に関わる生き方を歩んだの

である。それについては、本論文の最後に添付した『余の社会主義』に、教えから問われ、現実に学ぶ高木顕明の生き方が見事にあらわされている。それを精読する限り、高木顕明の行動原理はどこまでも高木顕明が信仰する日本の鎌倉時代に活躍し、浄土真宗という名の仏教を明らかにした親鸞の思想信仰であったことは明々白々である。

8　高木顕明の宗教

　先に述べたように高木顕明の行動原理は、文字通り、浄土真宗である。それは浄土を真実の根拠とするという意味の「浄土真宗」である。浄土とは全ての人々を無差別平等に救いたいと願う阿弥陀仏の国土である。その浄土こそが全ての人の存在の故郷である。そこを根拠として生きるという名のりが浄土真宗である。

　浄土真宗とは、決して、1つの宗派（セクト）を意味する言葉ではない。阿弥陀仏の本願、言うなれば人類の悲願を具象化した地上での名のりである。

　多くの場合、一般的に浄土真宗と言う名のりを他の仏教教団と区別をするための単なる宗派名と考えがちであるが、親鸞は浄土真宗という名のりをどの場面においても、宗派名ではなく、人類の救済を明らかにする根源の世界を開くためのダルマ（法）として用いている。

　因みに親鸞の主著『教行信証』に使用されている浄土真宗の用語を全て挙げてみれば、そのいずれを取り上げても、浄土真宗が宗派名を表す名のりではないことを理解することができる。むしろ、それどころか、浄土真宗とは、ダルマ（法）としての仏法を表す名のりになっている。

　つまり、この浄土真宗の名は、私たちが人間として生きていくために不可欠な人間の原点をあきらかにするものである。それは人間を非人間化していく、あるいは人間であることを奪われ、あるいは人間であることを見失っている私たちを、人間として再生させていく、回復させていく、そういう原理というべきものである。

第 7 章

　言い換えれば、人間の根源的な願いそのものを表そうとする名のりである。その名のりは、すべての人と共に生きるという浄土の願いを見失っている人間に対して、浄土こそが真実の宗（要）であり、人間の生きる方向と根拠であることを明らかにするものである。その浄土の真実を生きようとした人、それが高木顕明である。

　その意味では、私たちが浄土の世界（共通の広場）を見出さないと、人間が人間に成ることができない。だからこそ、浄土を真実の宗とすることがダルマ（法）として教えられているのである。換言すれば、限りなく戦争と差別の渦巻く私たちの現実社会の根底には、実は平和と平等を求めている根本的な心がはたらいている。そういう根源的な願いからの発起、それが浄土を真実の宗とする名のりである。その根源的な願いに目覚めたものが、自らを目覚めさせた如来の呼び声である南無阿弥陀仏に呼応して南無阿弥陀仏と念仏申すのである。それが親鸞のいうところの念仏申すことである。それが念仏者の誕生である。

　そういう親鸞の教えをどこまでも求め、学び、生きていこうとした人が高木顕明である。それが高木顕明をして、非戦平和を願う「非開戦論者」として自らを位置づけたのである。『余が社会主義』にはそのことが明確に表されている。高木顕明は自らが「非開戦論者」であることの理由を「極楽世界には他方の国土を侵害したと云う事も聞かねば、義の為に大戦争を起こしたと云ふ事も一切聞れた事はない。依て余は非開戦論者である。戦争は極楽の分人の成す事で無いと思ふて居る」と明確に、親鸞が明らかにする浄土真宗の教えに立脚して非戦平和の願いを記している。

　さらに続いて、そういう高木顕明の思想の核心をあきらかにしている『余が社会主義』（全文は資料として添付）を辿りながら高木顕明の平和構築に関して考えてみたい。

137

9 『余が社会主義』により非戦平和を考える

　この高木顕明の論文をみると、高木顕明の社会への関わりが親鸞の念仏思想との関わりで起きていることをよく理解することができる。因みに、親鸞のいう「念仏」は一般的に考えられるような自己欲求の満足、つまり自分の願いを必死で神・仏に依頼して欲望を満足させるような呪術的行為ではない。そうではなく、煩悩に苦悩する自分の非力に目覚め、その自覚の底に阿弥陀仏から「あなたの生き方は大丈夫なのか」と問いかけられる、その仏からの呼びかけ、それが親鸞のいう念仏である。親鸞の言葉でいえば、「念仏は阿弥陀仏の本願から起きあがってくる、生きとし生きるものすべてを本願の国土に招き呼びかける絶対命令である。原文は「帰命は本願招喚の勅命なり」(『教行信証』)とある。

　高木顕明は親鸞が理解した念仏思想をそのまま継承して、戦争をする人間、差別をする人間を、自分のこととして問題にし、非戦平和・反差別平等を生きようとしたのである。そういう思想、生き方が明治の日本の帝国主義的意志と真っ向から対立したのである。

　一箇所だけ、『余が社会主義』から高木顕明が理解した親鸞の念仏思想とその教えに生きていこうと呼びかける高木顕明の言葉を紹介したい。高木顕明は親鸞の教えは主観的な自我心のなかに自己を閉じ込めるのではなく、自我心を解放して、もちろんそれは阿弥陀仏の本願に本来の自分を見出すことである。それは自己中心的な生き方に阿弥陀仏の本願が「それでいいのか」と問いかけるその問いに生きることである。そのことにより閉ざされた自分が世界に開かれ、社会に関わる生き方を私に開くのである。高木顕明は自分が社会と関わって開かれていることを次のように確信し、その世界を生きていこうとしたのである。

　『余が社会主義』では、「この闇黒の世界に立ちて救ひの光明と平和と幸福を伝道するは我々の大任務を果すのである。諸君よ、願くは我らと共にこの南無阿弥陀仏を唱へ給ひ。今且らく戦勝を弄び万歳を叫ぶこと

を止めよ。何となればこの南無阿弥陀仏は平等に救済し給ふ声なればなり。諸君よ、願くは我らと共にこの南無阿弥陀仏を唱へて貴族的根性を去りて平民を軽蔑する事を止めよ。何となればこの南無阿弥陀仏は平民に同情の声なればなり。諸君、願くは我らと共にこの南無阿弥陀仏を唱へて生存競争の念を離れ、共同生活の為めに奮励せよ。何となればこの南無阿弥陀仏を唱ふる人は極楽の人数なればなり。」とある。

このように高木顕明は第一に暗黒の「時代認識」を掲げ、自分の使命がその世界において阿弥陀仏の救い（呼びかけ）を受けたものとして、その阿弥陀仏の「光明と平和と幸福」を伝道することにあると受けとめた。そしてそれを拠り所にして、有名仏教学者が日露戦争への賛美に対し、戦争を鼓舞する姿を批判し憐れみ、戦争が敵を作り出し敵は殺せと差別する当体であることを示し、「この南無阿弥陀仏は平等に救済し給ふ声なればなり」と、南無阿弥陀仏を掲げる。

また部落差別に代表される社会的差別に対しては同じように「この南無阿弥陀仏は平民に同情の声なればなり」と、非差別者に向き合う南無阿弥陀仏を掲げる。また貧富による社会的格差に対しては「この南無阿弥陀仏を唱へて生存競争の念を離れ、共同生活の為めに奮励せよ。」と呼びかけるのである。

そして、最後に、「この南無阿弥陀仏を唱ふる人は極楽の人数なればなり。」と、親鸞思想の核心とも言える、この娑婆世界にあって、阿弥陀仏の本願に生きる者、念仏者は「極楽の人数」（経典の言葉では「正定聚に住す」）と明らかにしている。まさに宗教に立つ平和構築の表現ではないか。

10　まとめ

こういう現実の体制社会を「暗黒」と問う考え方、生き方が実は理不尽ながら大逆罪に連座させられた根本的理由である。なぜなら、「大逆事件」で死刑判決を受けた人々は誰も具体的に行動を起こしたわけでは

ない。ごく少数の人間が爆裂弾（缶詰に火薬を仕込んだもの）を実験し、それを元にして、架空の計画に意気揚々としただけである。

　その4名ほどのものが当局の知るところとなり、全く関係ない日本国中の社会主義者、無政府主義者、宗教者が合計26名逮捕されたのである。いわゆる世間にいう「主義者」として、「思想」が問われたのである。言うなれば、国益としての戦争よりも、民衆の平和、人権を掲げる思想が弾圧を受けたのである。

　さらに言えば、この事件は一過性のものではなく、「思想や言論自由が存在するところ、そして社会的不平等の存在するところ、あるいは人権に対する市民的感覚や制度的保障の弱いところでは、必ず起こりうる。現在に生きている事件である。」(山泉進「「大逆事件」とは何か」『身同』14号1995年8月・30頁）と指摘されるように、過去の問題ではなく現代の問題である。

　特に日本では2022年12月14日に国会審議もなく、閣議で決定された「安全保障3文書」に明確にされた「敵基地攻撃能力の保持」と「大軍拡」が軌道に乗り、これが実際に動けば、戦争の時代に入る。過去の侵略戦争と同じことが起こらないという保証はどこにもない。あらためて高木顕明の『余が社会主義』が提起する非戦平和の願いを受けて平和構築を課題にすることが、浄土の真宗に関わるものの使命ではないかと思う。なお、論文中の継承は省略させていただいた。（終了）

第 7 章

資料：高木顕明『余が社会主義』

　緒言。余が社会主義とはカールマルクスの社会主義を稟けたのでない。又トルストイの非戦論に服従したのでもない。片山君や古川君や秋水君の様に科学的に解釈を与へて天下に鼓吹すると云ふ見識もない。けれども余は余丈けの信仰が有りて、実践して行く考へであるから夫れを書て見たのである。何れ読者諸君の反対もあり御笑ひを受ける事であろー。しかし之は余の大イニ決心のある所である。

　本論。社会主義とは議論(ママ)ではないと思う。一種の実践法である。或人は社会改良の予言ぢゃと云ふて居ろが余は其の第一着手ぢゃと思ふ。依て我々は及ぶ限り実行して行きたいと思ふて居る。現象(ママ)の社会制度をドシ々々改良して社会の組織を根本均に一変せねば成らんと考へて居る。又或人ハ社会主義を政治義論として鼓吹して居る。余は社会主義は政治より宗教に関係が深いと考へる。社会の改良ハ先づ心零(ママ)上より進みたいと思ふ。依て自分の考へ通り既住の所謂先輩と云ふ社会主義者の系統等を借りず余が信仰と実践の一端とを御咄し致す考へで有る。余は社会主義を二段に分類してお話し致します。第一を信仰の対象と云ひ第二を信仰の内容と云ふ。其の第一の信仰の対象と云ふ内を更ニ三段に分類致します。云クーツニ教義、ニツニ人師、三ツニ社会。次二第二ノ信仰の内容も又更ニ二段に分類致します。云クーツニ思想回転、ニツニ実務行為である。其処で第一の信仰の対象たる其の一ツの教義と云ふは何事を云ふかと云へば、即ち南無阿弥陀佛であります。此の南無阿彌陀佛は天笠(ママ)の言で有りて真ニ御佛の救済の聲である。闇夜の光明である。絶対均平等の保護である。智者にも学者にも官吏にも富家にも安慰を与へつゝあるが、弥陀の目均は主として平民である。愚夫愚婦に幸福と安慰とを与へたる偉大の呼び聲である。

○日本の語で云ふて見るなら阿弥陀仏と云ふ過境の普善者が救ふから安心せよ護るから心配するなと呼んで呉れたる呼び聲である。嗚呼我等に力と命とを与へたるは南無阿弥陀仏である。
○実に絶対過境の慈悲である。御佛の博愛である。此を人殺のかけ聲にしたと聞て喜んで居る人々は碓だあきれるより外ハない。斯ふして見ると、我

141

国には宗教と云ふ事も南無阿弥陀仏と云ふ事も御訳りに成た人が少なひと
見える。

○詮ずる処余ハ南無阿弥陀仏には、平等の救済や平等の幸福や平和や安慰や
を意味して居ると思ふ。しかし此の南無阿弥陀仏に仇敵を降伏するという
意義の発見せらるるであろーか。

○余は南條博士の死るハ極楽ヤッツケロの演説を両三回も聞た。あれは敵害
心を奮起したのであろーか。哀れの感じが起るではないか。

○ニツニ人師（人間の師匠の意）とは余の理想の人である。第一番には釈尊
である。彼れの一言一句は或ハ個人主義的義論（ママ）もあろー。乍し彼れの一生
はドーであるか。帝位を捨てゝ沙門と成り、吾れ人の抜苦與楽の為ニ終生
三衣一鉢で菩提樹下ニ終る。其の臨末ニ及んて鳥畜類迄別れを悲しんだと
は実に零界の偉大なる社会主義者ではないか（乍し乍ら自今平民社や直言
者やの社会主義者とは同一義論（ママ）では無かろ。彼れは少しも人爵の如何に心
を置かなんだであろ。其の当時の社会制度の一班を改良たであろ。否ナ百
般の事に確に一変を與へて居る。

○天笠や支那に其の人を譽げれば沢山にある。しかし今ハ此を略して置く。
日本では伝教でも弘法でも法然でも親鸞でも一休でも蓮如でも尤（ママ）も平民ニ
同情厚き人々である。殊ニ余は親鸞が御同朋御同行と云ふたのや、僧都法
師の尊さも僕従者の名としたりと云たより考へ来ると、彼れは実ニ平民ニ
同情厚き耳（ママ）ならず、確ニ心零界の平等生活を成したる社会主義者であろ
ーと考へて居る（しかし此とても現今の社会主義者とは義論（ママ）は違ふであ
ろ）。余は此等の点より仏教は平民の母にして貴族の敵なりと云ふたので
ある。

○三つに社会である。理想世界である。諸君はドー思ふか。余は極楽を社会
主義の実践場裡であると考へて居る。弥陀が三十二相なら今集りの新菩薩
も三十二相、弥陀が八十瑞光なら行者も八十瑞光なり。弥陀が百味の飯食
なら衆生も百味の飯食なり。弥陀が應報妙帰なら行者も應報妙帰なりで、
眼通で耳通神足通他心通宿命通弥陀と違はん通力を得て、佛心者大慈悲是
なりと云ふ心に成って、他方国土へ飛び出して有縁々々の人々を済度する
に間隙のない身となる故ニ極楽と云ふ。眞ニ極楽土とは社会主義が実行せ
られてある。

○極楽世界には他方之国土を侵害したと云ふ事も聞かねば、義の為ニ大戦争
を起したと云ふ事も一切聞れた事はない。依而余は非開戦論者である。戦

142

争は極楽の分人の成す事で無いと思ふて居る。（尓し社会主義者にも或は開戦論者があるかも知れん）（此は毛利柴庵を意味す）。

○更二第一の信仰の内容たる其の一ツの思想の回転二付て御咄し致します。専門家の方では是を一念帰命とか、行者の能信とかと云て喧く云ひます。

○上来御咄し致し来りた尺尊等の人師の教示二依て理想世界を欲望し、救世主たる弥陀の呼び聲を聞き付け深く我が識心感じられたら、其の時大安心が得られ大慶喜心が起きて精神は頗る活発に成るのである。

○実に左様であ。或一派の人物の名誉とか爵位とか勲賞とかの為に一般の平民が犠牲となる国二棲息して居る我々であるもの。或は投機事業を事とする少数の人物の利害の為めに一般の平民が昔しめられねばならん社会であるもの。富豪の為めには貧者は獣類視せられて居るではないか。飢に叫ぶ人もあり貧のために操を賣る女もあり雨に打たるゝ小児もある。富者や官師は此を翫弄物視し是を迫害し此を苦役して自ら快として居るではないか。

○外界の刺激が斯の如き故に主観上の機能も相互二野心で満ち々々て居るのであろ。実に濁世である。苦界である。闇夜である。悪魔の為めに人間の本性を殺戮せられて居るのである。

○尓るに御佛は我等を護るぞよ救うぞ力になるぞよと呼びつゝある。此の光明を見付けた者は眞二平和と幸福とを得たのである。厭世的の煩悶を去って楽天的の境界二到達したのであろ－と考へる。

○きながら思想は一変せざるべからずだ。御佛の成さしめ給ふ事を成し御佛の行ぜしめ給ふ事を行じ御佛の心を以て心とせん。如来のしろしめす如く身を持すべしであろ。大決心は此時である。

○二つ二実践行為。次ぎ上の思想の回転が御佛の博愛二深く感じたるものなれば如来の慈悲心を休認せねば（体認か耐忍か此所の耐忍は諦認と書くをよしとするか）ならん。此を実践せねばならん。大勲位侯爵に成りたとて七十ヅラして十七や八の妙齢なる丸顔（まるぼちや）を翫弄物にしては理想の人物とは云はれんであろ。戦争に勝たと云ふても兵士の死傷を顧ざる将軍なれば我々の前には三文の價値もない。華族の屋敷を覗ひたと云ふて小児を段打した人物等は実に不埒千万ではないか。

○否ナ我々は此の様な大勲位とか将軍とか華族とかと云ふ者に成りたいと云ふ望ふはない。此の様な者になるとて働くのではない。碓だ余の大活力と人労働とを以て実行せんとするものは向上進歩である。共同生活である。

143

生産の為めに労働し、得道の為に修養するのである。夫れに何ぞや。戦勝を神佛に祷る宗教者があると聞ては嘆ぜざるを得ぬ。否ナ哀れを催し御機之毒に感じられるのである。

○此の闇黒の世界に立ちて救ひの光明と平和と幸福を傳道するは我々の大任務を果すのである。諸君よ願くは我等と共に此の南無阿弥陀仏を唱へ給ひ。今且らく戦勝を弄び万歳を叫ぶ事を止めよ。何となれば此の南無阿弥陀仏は平等に救済し給ふ聲なればなり。諸君よ願くは我等と共ニ此の南無阿弥陀仏を唱へて貴族的根性を去りて平民を軽蔑する事を止めよ。何となれば此の南無阿弥陀仏は平民に同情之聲なればなり。諸君願くは我等と共ニ此の南無阿弥陀仏を唱へて生存競争の念を離れ共同生活の為めに奮励せよ。何となれば此の南無阿弥陀仏を唱ふる人は極楽の人数なればなり。斯の如くして念佛に意義のあらん限り心零上より進で社会制度を根本均に一変するのが余が確信したる社会主義である。

○終りに臨で或人が開戦論の証文之様ニ引証して居る親鸞聖人の手紙之文を抜出して、此の書が開戦を意味せるか、平和の福音なるかは宜しく読者諸君の御指揮を仰ぐ事とせん。

○抑消息集四丁の右上略「詮じ候処ろ御身に限らず念佛申さん人々は我が御身の料は召思さずとも朝家の御為め国民の為め念佛申し合せ給ひ候はゞ目出度候べし往生を不定に召思さん人は先づ我往生を思し召して御念佛候べし我が御身の往生一定と召思さん人は佛の御恩を思しに召さんに御報恩の為に御念佛心に入れて申して世の中安隠なれ佛法弘まれと召思すべしとぞ覚へ候」已上。

○嗚呼疑心闇鬼を生ずである。如上の文は平和の福音なるを人誤てラッパの攻め聲と聞きたるか。或は陣鐘陣太鼓の聲なるを予が誤って平和の教示なりと聞きたるか。読者諸君の御裁決に任すとせん。

○しかし余は幸なりラッパも陣鐘も平和の福音と聞けばなり。多謝々々南無阿弥陀仏。

（世界文庫刊　神崎清編『大逆事件記録』第二巻『証拠物写』より）

第 8 章

済州島四・三事件と平和[1]

安信

アン・シン

培材大学教授、宗教文化研究所長。宗教学、世界キリスト教、社會福祉学 専攻。1971 年韓国ソウルで生まれ、国立ソウル大学宗教学科を卒業、Yale University で比較宗教学修士号を、The University of Edinburgh で宗教学博士号を取得。国立ソウル大学研究員と慶熙大学非暴力研究所学術研究教授などを歴任。『多文化宗教教育と映画』、『韓国キリスト教の宣教とイスラムの対話』、『文化を通じて見た宗教的人間』、『宗教の多様性と宗教間対話』、『宗教哲学の理解』、『世界宗教の理解』、『宗教ガバナンスと宗教霊性』（共著）、*International Religious Networks*（共著）など 30 冊の単行本と 100 編の論文を出版。

145

初めに　忘却の闇から真実の光へ

　済州島の美しさによって済州島民が経験した苦しい記憶を忘却の闇の中で忘れる。しかし、人間は住んでいる空間と場所に続々と影響され、独自のアイデンティティーを形成する。第2次世界大戦時に、ドイツ爆撃機を誘引する施設として使われたイギリスのアーニ（Arne）村は「失われた人生と平和の逆説」を同時に見せつける。

　　「今日のアーニは穏やかで美しい場所だ。（中略）軍事作戦の跡は周りの自然によってもう埋もれてしまったかもしれないが、完全に消えたわけではない。そのせいか、このように穏やかな風景のすぐ下に、あれほど暴力的な風景が置かれているという事実は、少なからず不安なことだ」

　盧武鉉（ノ・ムヒョン）政府が2005年1月27日「世界平和の島」に指定した済州島は2002年には先にユネスコ（UNESCO）で生物圏保全地域に指定され、2007年には「済州火山島と溶岩洞窟」の名で世界自然遺産に登載され、2010年には世界地質公園に認定された天恵の島である。このように平和な南島にもタブーとされ、沈黙が強要された長い闇と悲しみの歴史がある。1945年、韓国は日帝強占期から光復の喜びを迎えたとは言え、大韓民国を建国する前の1948年4月3日に南朝鮮労働党（南労党）の急進勢力が蜂起した。平和と統一を求めて起きたこの事件は米軍政の失政、警察と西北青年会の横暴に対する不満が爆発したものだったが、軍警によって「韓国の歴史上、一つの地域で起きた民間人虐殺では最大の残酷な犠牲を招いた。」

　　「これは本当に、生まれて初めてです。こんなに恥ずかしくて、無

駄話、他人にすること、四・三（済州島四・三事件）であれ何であれ他の人に私のこと話してないのに。親にもこうだし、世の中にも…別に良い暮らしをした記憶がないんです。あまりにも悔しく生きてきた時間が多いから、ただ私のせいかなと思ったこともあります。周りの友達や知り合いは生まれてから親に恵まれて苦労せずに生きているのに… 私が幼い頃にそれだけ傷ついたこと、年を取ってみたらそれが恨めしくて死んだら幽霊にでもなりそうなそんな感じがします。本当にあの時、盧武鉉大統領が来て謝ったことで、怨恨に満ちた霊たちがすんなりと受け入れて、安らかにみんな目をつぶるのかな？おじいさん、おばあさん、おじさんまで全部死なせた四・三が、私はまだ四・三がなんで起きたのか納得できません。なんで起きたのか。」[4]

　この残酷な事件に対する記憶と解釈は、左右陣営の政治的論理が絡み合い、依然として尖鋭な紛争と対立の談論を起こしている。例えば、2022年9月1日に公開されたクォン・スンド監督のドキュメンタリー映画「残酷だった1948年のタンラの春」は、全く異っている保守キリスト教陣営の見解が映っている。映画によると南朝鮮労働党は1948年5月10日、制憲議員選挙を妨害し、自由民主主義建国を防いで北朝鮮と共産統一を成そうとしたが、その時共産主義者たちが警察・右翼人士・選挙委員・キリスト教徒とその家族を略奪し虐殺と放火を犯したと主張している。この映画を企画した済州島四・三事件再定立市民連帯は済州島四・三事件が「警察と軍人による国家暴力や罪のない良民を虐殺した事件に歪曲」されていると批判し、当時「南労党を阻止せず、済州島に続き韓国の土地まで共産化されるように放っておくべきだったと言うのか」と反問する。この映画は南朝鮮労働党によって殉教した李道宗（イ・ドジョン[5] 1892—1948）牧師の生涯を強調し、従来の左偏向の見方とは距離のある右に偏向した立場を強化する。[6]

　1948年6月18日、李道宗牧師は巡回牧会をする途中に左翼勢力によって拉致され生き埋めになり殉教した。彼の一代記を扱ったキム・ジェド

ン監督のドキュメンタリー映画「済州島初のての牧師李道宗」は 2021年 10 月ユーチューブにて公開された。李道宗は青年時代、独立運動資金を募金し上海臨時政府を支援した。しかしそれが発覚され、軍資金募集活動をしたという罪名で 6 ヶ月間拷問を受けた後、牧会者の道を歩むことになった。「建国と民主主義」等の反共講演をしていた李道宗は巡回牧会に行く途中に行方不明になり、1 年後に逮捕された犯人が自白し事件の顛末が明らかになった。[7]

　本章では 1948 年に済州島で起きた四・三事件を中心に紛争と宗教の関係に現れる新しい意味を分析しようと思う。3 万人に迫る犠牲者が発生した韓国歴史の悲劇に対する解釈の違いと宗教の対応および平和への努力を一緒に見ていくことにする。

1　済州島四・三事件に対する記憶の衝突
：武装暴動 VS 武装蜂起

　済州島四・三事件に対する評価は政治的立場により交錯しているが、概して国家の公式的な立場では民間人虐殺に対する国家権力の誤りを認め、適切な補償と和解ができる様々な方向で努力している。金大中（キム・デジュン）大統領は 1999 年 6 月、慰霊公園造成のための政府の支援を約束し、1999 年 12 月 16 日には「済州島四・三事件真相究明および犠牲者名誉回復に関する特別法」が国会にて通過された。済州島四・三特別法第 2 条 1 項は「済州島四・三事件」を「1947 年 3 月 1 日を基点として 1948 年 4 月 3 日発生した騒擾事態から 1954 年 9 月 21 日まで済州島で起きた武力衝突とそれを鎮圧させる過程で住民たちが犠牲になった事件」と定義している。そして 2003 年、済州島四・三事件を「国家公権力による人権蹂躙」と規定する政府の真相報告書が通過された。民間人集団虐殺に対する最初の政府報告書が採択されると、盧武鉉大統領は「過去の国家権力の誤りに対して」心からの謝罪と慰労を伝えた。2005 年 1月 27 日、盧大統領は 済州島を「世界平和の島」に指定しながら「真実

と和解の過程を経て克服する模範」になると評価した。李明博（イ・ミョンバク）政府は発足直後である 2008 年 3 月 28 日、済州島四・三平和記念館を開館した。そして 2014 年 3 月 24 日、朴槿惠（パク・グネ）政府は 4 月 3 日を国家追悼日に公式指定することにより、民間人に対する政府の集団虐殺を反省し追慕し懺悔する時間を確定した[8]。しかし、朴大統領はその年実際に開かれた追悼式には不参加したことから分かるように、済州島四・三事件解決の観点から見て保守政府の 9 年は失われた 9 年で、不通の暗黒期に違いない[9]。

　逆に、国家機関が済州島四・三事件を歪曲した事例もある。1990 年と 2000 年に発刊された『済州警察史』には 2 万人を越える済州島四・三事件死亡者数を「9345 人」に縮小し、軍人により虐殺された北村事件を共産ゲリラによるもののように加害者をすり替えた明白な歪曲が見つかり、削除することになった。また 2004 年教育部では「済州島四・三暴動時暴徒」が歌った赤旗歌の拡散遮断公文書を発送し物議をかもした。保守人士の「済州島四・三事件歪曲を正すための」司法的試みもあり、イ・ソンギョ牧師が 2004 年に四・三真相調査報告書過程と大統領謝罪表明を批判し、報告書の歪曲と不法性を調査し大統領の謝罪を取り消せという憲法訴訟を提起したが、8 月 17 日憲法裁判所より却下された。また、2004 年国防部の「6.25 戦争史（朝鮮戦争史）」では、済州島四・三を「武装暴動」と明示し、政府の四・三委員会が発刊した真相報告書を無視しながら暴動論と討伐の正当性を踏襲した。しかし四・三団体で問題を提起し、修正案に次のような文言が挿入された[10]。

　「済州島四・三事件は光復以後、政府の混乱期に発生した、済州島民が数多くの人的・物的被害を受けた不幸な事件だった。再び米軍政と新しく発足した政府は体制がまともに整っておらず、討伐作戦を担当した軍警も訓練と経験が欠けていた結果、島民の被害を大きくする原因となった。これを考慮したうえで政府は事件発生 50 余年ぶりに人権伸張と国民和合に寄与するために四・三特別法を制定し、四・三

事件の真相を糾明し名誉回復措置を推進した[11]。」

　ソ・ジュンソクは済州島四・三事件の性格を武装蜂起と抗争およびジェノサイド、つまり集団虐殺と規定する。第一に、1948年4月3日午前2時にのろし信号で始まった南朝鮮労働党済州島党の武装蜂起は警察、西北青年会、大同青年団、独立促成国民会を襲撃し、流血事態は1954年9月まで続いた。日帝強占期からの解放以降、警察と極右青年団体の弾圧と横暴が蜂起の主な原因として提示されたが、1947年3・1記念済州道大会直後に警察の発砲により6人が死亡し、3月10日に官民全面ストライキが起きた。これに対し陸地の警察が大々的に投入され、1948年4・3直前まで南朝鮮労働党済州島委員会約200人をはじめとする約2千500人が検束された。済州島四・三蜂起には韓国の5・10単独選挙に対する民衆の抵抗と南朝鮮労働党の過激路線の影響もあった。済州島党の武装隊は統一独立と民族の完全解放という民族問題を前面に掲げ、米軍政の実艇を攻撃するなど闘争を続けた[12]。

　第二に、南朝鮮労働党武装隊に対して民衆は敵対的というよりは共感的な態度を取っていた。当時、親日警察の横暴と米軍政の経済難と食糧難および失職問題が深刻な状況で、米国政府と警察に対する民衆の不信が広がる中、李承晩（イ・スンマン）の単選・単政に対する反対運動も影響を与えた。デジョン面の南労党組織部長だった22歳の金達三（キム・ダルサム）は「民族自主独立をしなければいけない時、悪質な親日派が米帝の走狗となって圧政を加えており、満州や以北で親日行為をしていた者が越南して反共愛国者の振りをしている」と指摘した。特に、警察の不正腐敗と西北青年団の略奪が批判の対象であった。すなわち、民衆にとって済州島四・三事件は「陸地人の圧制と横暴、放火、虐殺に対する島人の怒りと鬱憤、絶望」の結果と評価される。西北青年団は李承晩の写真と太極旗を高額で押し売りし、済州島四・三事件以後には売買を拒否した人々には銃殺まで犯した。一方、軍警は約300か所の村を燃やし老若男女を問わず虐殺する焦土化作戦を展開した。無実な住民が討伐

隊と武装隊の間で生死の岐路に立たされていた[13]。

　第三に、済州島四・三事件は「狂気の住民集団虐殺」だった。人命被害は2万5千人から3万人と推定され、済州島四・三事件真相究明および犠牲者名誉回復委員会に2011年1月までに申告された人数は計1万4千人に至る。2007年済州島四・三委員会で確定した被害者の人数は1万3564人、女性が21.2%であった。済州島163か所の村のうち100人以上が犠牲になった村が44か所で、ほぼ30%に迫る。加害者別に分けると、討伐隊による犠牲者が84.4%、武装隊による犠牲者が12.3%、その他3.3%だった。1948年10月19日に起きた麗水・順天事件が済州島の焦土化作戦に影響を及ぼした。孤立された島で海岸とマスコミを封鎖した後、軍警による大虐殺が行われた背景には、李承晩政権を支えていた極右親日勢力の単政運動に対する反感、金九（キム・グ）と金奎植（キム・ギュシク）の統一独立運動への民族的声援などがあった。当時米軍は西北青年団のテロを傍観していた。米国の放任には「思想が不純な済州島民全員を隔離させ、代わりに以北から越南した人々を送って済州島民にする」という李承晩大統領の意志も反映された[14]。

　第20代大統領尹錫悦（ユン・ソンニョル）は2022年第74周年済州島四・三追悼式に参加し「四・三の痛みを治癒し傷痕を世話することは四・三を覚えているまさに私たちの責任であり、和解と共生、そして未来に進むための大韓民国の役割」と話し、四・三事件の犠牲者に対する名誉回復の持続的な支援を約束した。尹大統領は「無実の犠牲者を国民と共に暖かく抱いて痛みを分かち合うことは自由と人権という普遍的価値を指向する自由民主主義国家の当然の義務」と強調した[15]。7月20日、済州島四・三事件関連最高議決機構である4・3中央委員会会議を発足し、事件から22年が経って初めて済州島で開催され、韓悳洙（ハン・ドクス）国務総理を始め長・次官など政府委員が済州四・三平和公園で初めての合同参拝が実施された[16]。

　2022年11月2日からは済州島四・三補償金が生存犠牲者と遺族に順次伝達され始めた[17]。済州島四・三犠牲者約300人が初めて国家から補償

151

金を受け取ったわけで、このように国家が過ちを公開的に認めたことは1948年済州島四・三事件発生後74年ぶりである。特別法を通じて死亡と行方不明となった済州島四・三事件犠牲者の遺族には9千万ウォン、後遺障害生存犠牲者には5千万ウォンから9千万ウォン、生存受刑者には3千万ウォンから9千万ウォンまで補償金が渡される予定である。2022年に1810億ウォンの予算が補償金として配分され、1000億ウォン以上が執行された。[18]これは国家暴力に対する犠牲者のための名誉回復の段階を越え、実質的な補償の段階に進展したという点で、歴史的意義が大きい。 しかし、尹大統領は2023年と2024年の済州島四・三事件追慕式には相次いで参席しなかった。[19]

2. 米軍政の宗教政策と宗教弾圧

　済州島四・三事件の問題が縫合され和解の局面に入ったとは言え、済州島の外の視線はまだ冷たい。済州島四・三事件をより体系的に理解するためには当時の政治的特殊性と複合性を把握する必要がある。米軍政当時、宗教界では右翼を好む政策によって左翼勢力は次第に衰退した。宗教別に見ると、概してカトリックと大宗教は右翼の性向を帯びており、プロテスタント、仏教、天道教、儒教は左右翼の性格を同時に示していた。カトリック教は最も徹底した反共意識を持ち、北朝鮮のカトリック教徒とプロテスタントが米軍政から韓国戦争まで大挙南下した上に、韓国キリスト教は飛躍的に発展し北朝鮮のキリスト教はほとんど消滅した。キリスト教は米軍政下の「公認された宗教」として特別な待遇を受けた。[20]民衆と共に成長したプロテスタントは、解放後早くも政治勢力と結託した。1946年3月8日、北朝鮮の金日成（キム・イルソン）主席の土地改革は親日派とプロテスタントの韓国移住を触発し、米軍政庁と李承晩（1875-1965）はハン・ギョンジク（1902-2000）牧師の霊楽教会を通じて西北青年会を警察に編入させた。1950年代から1954年までアメリカで起きた共産主義者を探し出すマッカーシズム（McCarthyism）を政権のアイ

152

第 8 章

デンティティーと設定した李承晩大統領は、西北青年会の支持を得て反共主義の路線を歩んだ。[21]

　「西北青年団っていうのは、日帝時代に地主をしていた人たちの子弟たちなんだ。北朝鮮に金日成部隊が入り込んで社会主義国家を作ったんだよ。その時いわゆる『親日派』が民族反逆者と決められた。また、その家族とか、反省の余地がないからとかいって結局処罰することになるから、あいつらが続々と降りてきたんだ。米軍政ではちょうどよかったと西北青年団を送り込むから、結局韓国にあるすべての社会主義団体、共産主義団体に対する弾圧になったわけで。」[22]

1943 年 4 月 3 日午前 2 時、漢拏山のオルムごとにのろしが燃え上がり南労党済州島委員会の武装蜂起が始まり、350 人の武装隊が 12 個の警察支署と西北青年会など右翼団体の家を襲撃した。[23] 仏教界では解放以後に起きた済州島四・三事件に対し西北青年団の蛮行を指摘し、済州島仏教界に人的物的被害を与えた宗教弾圧犯罪の真相究明を要求した。また、西北青年団を「虐殺前衛隊」と見なし、「アカを叩きつけるとして反共闘士を名乗った韓半島（朝鮮半島）西北地域地主の子弟たち」の思想的指導者としてハン・ギョンジク牧師を、霊楽教会を西北青年団の集結地に名指した。[24] 1948 年 5 月 11 日に単独政府を樹立するための選挙が行われ、そのために李承晩政府とハン牧師が「共産主義を怪物と見なし、西北青年団には共産主義者たちの壊滅こそ宗教的祝福だという盲目的信頼を植え付けた」と仏教界は主張する。北朝鮮政権によって故郷から離れた西北青年会の「復讐心が歪んだ信仰心と結びつき」済州島民の虐殺に繋がったという解釈だ。済州島四・三平和財団のヤン・ジョンシム研究調査室長によると、「[済州島民] を蜂起勢力と規定し虐殺するが、その頂点には李承晩大統領と私たちが知っているチョ・ビョンオクや新生大韓民国政府指導部の多くの人々がいて、彼らのほとんどがキリスト教徒」だった。済州ヌルプルン教会のイ・ジョンフン牧師は、済州仏教

153

放送に出演し、プロテスタントとして公式的な謝罪のメッセージを伝えた[25]。このような宗教指導者の個別的行動に代表性問題が提起されるとは言え、キリスト教界の公式謝罪と共に必ず必要な体系的真相調査はなされていない状況である。

　ビョン・サンウク記者によれば、済州島四・三事件を鎮圧する過程で右翼キリスト青年たちが中心となった西北青年団は突撃隊の役割をしたが、米軍政で宣教師たちが諮問役を担当し西北青年団員が米軍に採用され援助物資の配分を独占した。またソウル出身の李承晩が直属の大同青年団を作り西北青年団を牽制したと主張する。つまり、両右翼青年団は李承晩の信任を得るために済州島民をいわば餌食として覇権争いをしたわけだと説明する。このような反共イデオロギーに基づいたソウルと平壌の右翼青年勢力は国民防衛軍・報道連盟・韓国戦争を経て親日勢力と結合して軍警を掌握し、民間では親米キリスト教右翼勢力が政治・言論・医療・福祉・教育などで支配階層に位置することになり「現在の保守キリスト教の基盤を形成」したと診断する[26]。

　2018年四・三抗争70周年を迎え、韓国教会協議会とキリスト教教会協議会およびNCCRKは済州島四・三事件の遺族たちと国民に向け「虐殺に加担した過去を謝罪した」ことがある。西北青年団は1946年11月31日ソウルYMCAで発足された団体で、本来は「西北青年会」だが大衆には「西北青年団」と広く知られ、解放後左翼勢力を暗殺しテロを行った。四・三抗争では討伐軍に参加し、数多くの民間人を虐殺する主犯となった。1945年に建てられた霊楽教会のハン・ギョンジク牧師は次のような言葉を残した[27]。

　「あの時はね、共産党が多いから田舎も混乱したんです。あの時「西北青年会」と言って私たち霊楽教会の青年たちが中心となって組織を組みました。その青年たちが済州島反乱事件を平定したりもしたし、あれから私たち霊楽教会の青年たちがかなり憎まれるようになったんです。」

第 8 章

　李承晩と米軍政の後援を受けた西北青年団は軍警に編入され、無所不
為の権力を振り回し済州島の民間人を虐殺した。済州島四・三事件でキ
リスト教とカトリックの被害は相対的に少なかった一方、仏教は 80%
の被害を受けた理由に「宗教による宗教弾圧の可能性」も考えられる。
とにかく共産主義の南進を防ごうとしたハン・ギョンジク牧師は 1947
年に次のように説教した。[28]

　　「共産主義こそ一大の怪物です。この怪物が今、三千里の江山に横
　　行し、飲み込む者を探しています。　この怪物を切る者は誰ですか。
　　この思想こそ黙示録に書かれた赤い竜です。」

　イ・ジョンフン牧師によれば、共産主義の迫害を受けて越南した西北
青年たちは、ハン牧師の反共説教を通じて共産主義を「悪魔化」し、共
産主義者を「敵」と認識した上で済州島四・三事件に積極的に参加した
ため、敵を討伐し壊滅させることを「宗教的祝福」と見なした。西北青
年団が共産主義者を探し出す過程で、家の十字架と聖書は生命を保護す
るお守りの役割をしたと伝えられている。[29]
　ヤン・ジョンシムによると、アメリカに留学した李承晩大統領のキリ
スト教信仰は反共主義を強化し、排他的な性格を持っていた。[30]文明開化
の論理に従って帝国主義国家は非キリスト教徒を「野蛮的」と見なし開
化の対象と見た。済州島四・三事件の場合、仏教の寺院が主に山に位置
していたため被害が大きかった点もあるが、共産主義の影響下にあった
「アカ島」の仏教寺院であったため、さらに被害が大きかったと説明で
きる。北朝鮮が共産化される中で故郷を離れざるを得なかった黄海道と
平壌道出身の西北青年たちが持っていた怒りと恐怖の気持ちが善良な済
州島民に向けた暴力と虐殺に転移したのだ。[31]
　結局、済州島四・三事件は「韓国戦争（朝鮮戦争）の縮小版」として
右翼討伐隊として活動した西北青年団が李承晩政権と米軍政の庇護の下

155

でテロと横暴を犯し、当時の済州島人口の10分の1にあたる約3万人の犠牲者を生み出したという解釈もできる。しかしキリスト教保守右翼勢力は「解放・建国・共産政権との戦争過程をキリスト教信仰と結びつき、神様が特別に韓国キリスト教をお守りするのでこのようになされたという選民主義を教理のように発展」させたと主張する。済州島四・三事件当時、西北青年団の蛮行に関わる証言は次のようである。

　「[西北青年団]は人々を銃で撃って殺すのがつまらなかったのか、棒で殴り殺した。刀や槍で刺し殺した。踏んで殺して水に落として殺した。首を切って殺し、腰も切って殺した。爆弾を爆発させて殺し、車輪で轢き殺した。毒薬を飲ませて殺し、皮をむいて殺した。飢え死にさせて絶壁から落として殺した。穴を掘らせて生き埋めにした。木に首をつって殺し、木に縛り付けて殺した。燃え尽きて殺したりもした。洞窟の入り口で煙を吸い、洞窟に避難した住民を窒息死させたとも多かった。さらに、父親と息子がお互いに頬を殴るよう強要した。そうした後はへらへらしながら銃で撃って殺した。女性を強姦した後に殺すのは数え切れないほどあった。女性の性器に銃口を差し込んだりもした。若い男女が性関係をするよう強要し、射殺したりもした。多くの人が見る前で義父と嫁が裸身で性関係をするよう強要したこともあった。そして、くすくす笑いながら銃を乱射した。」

　甚だしくは集団虐殺の裏には牧師が犠牲者の選別に関わったという信じ難い証言まで出たが、一部進歩キリスト教陣営での謝罪が公開的に数回あっただけで、ほとんどの保守キリスト教の済州島四・三事件に対する明確な謝罪と反省は未だにない。

3　映画による証言と癒し、そして追悼

　済州島四・三事件に関する苦痛の記憶は映画を通じても証言の次元に

第 8 章

昇華された。キム・ドンマン監督は 1993 年に初めての済州島四・三事件ドキュメンタリー映画「タランシの悲しい歌」を製作し、タランシ窟に避難していた済州島民に向けた討伐隊の虐殺を映像化した。続いて 1995 年には映画「眠らない歓声―四・三抗争」を製作して配布したことで、1997 年に警察に逮捕された。1 審では懲役 10 月に執行猶予 2 年を宣告されたが、控訴審では原審を破棄しキム・ドンマンの無罪が宣告された。

　一方、チョ・ソンボン監督のドキュメンタリー映画「レッドハント（アカ狩り、Red Hunt）」が 1997 年 9 月、第 2 回ソウル人権映画祭で上映された。この映画は老人の顔の上に「1947 年 3 月 1 日に始まったこの虐殺事件は 6 年 6 ヶ月間続き、死亡者が少なくとも 3 万から 8 万に達する途方もない悲劇を招いた。」という字幕が映って始まる。解放から 1992 年に遺骨が発掘されたタランシュ窟事件を扱い、済州島四・三事件の原因と過程および結果を被害者証言と専門家インタビューを中心に分析した。当時ソウル人権映画祭執行委員長であったソ・ジュンソクが国家保安法違反で拘束されたが、金大中大統領就任直前の 1998 年に保釈で釈放された。韓国キリスト教教会協議会は 1997 年 12 月にソ・ジュンソクに人権賞を、1998 年にアメリカ人権団体は苦難を受ける作家賞を授与した。[35] 映画を通じた済州島四・三事件の記憶と治癒はその後も続かれ、2013 年に新しい契機を迎えることになる。

　　「ジスルは閉ざされ閉じ込められた島で、生き残るために動かなければならなかった小さな点たちの物語だ。苦しい人生が一つ一つの点をつけ、その点たちの話が集まって物語の線となった。その線が絡み合って痛くて辛い歴史の場面になり、その面をそのまま映画のフィルムに移したのが「ジスル」だ。」[36]

　2013 年 3 月に呉滅監督の映画『지슬』（ジスル）が公開された。[37]「ジスル」はジャガイモのチェジュ語で、映画でジャガイモは避難した家族をつな

157

ぐ愛と犠牲の媒介体を象徴する。最初の場面は祭器がひっくり返ってい
て、2人の男性が死んだ女性を後ろに置いて果物を食べる場面から始ま
る。1948年11月、米軍と韓国政府軍は疎開令を宣布する。「島の海岸
線5km外の中山間地域のすべての人を敵と見なし、無条件に射殺せよ」
という命令とともに「焦土化作戦」が始まったのだ。山の洞窟と穴に隠
れていた住民たちは、焦土化作戦の知らせを聞く。ある家族の老人は体
の具合が悪くて避難を拒否していたが、家の中でジャガイモを落とす。
寒い冬に投入された軍人は村を占領し、住民は村から離れて山奥の洞窟
に隠れて一緒に過ごすことになる。

　　「とにかくあの当時、じっとお父さんについていくと、討伐隊が横
　隊に一列になって討伐しに上がってくるところが見えたのですが、上
　がってくるのが完全に真っ黒になってきます。一人だけでも見つかる
　と、他はどこにいるかを全部調べて、その場で皆殺します。あんな時、
　赤ちゃんが泣いて咳をして口を塞いでしまうと、赤ちゃんは死んでし
　まうんです。今考えてみれば、そうして死んだ子もたくさんいたはず
　です。[38]」

　映画<ジスル>は済州島四・三事件の亡者たちを祭祀の順序に従っ
て神位、神廟、飲福、燒紙の段階に称え、被害者たちの様々な話を祭祀
の過程で表す。
　第一に、祭祀で神位は「魂を祀る」という意味である。映画は「暴徒」
を討伐する軍人と山に避難した住民の状況を交差で見せる。キム上士は
寒い冬、「アカ」を一人も捕まえられなかったパク一等兵を裸にして罰
を与えるペク上等兵を叱るが、ペク上等兵はむしろパク一等兵に水をか
ける。住民たちは昼夜を問わず避難して洞窟に隠れており、討伐隊では
罪のない人を殺さなければならない軍人の悩みが映っている。チュ・ジョ
ンギルは上司の食事を作り、部下たちとは豚を丸ごと煮て食べる。洞窟
に集まって過ごす避難民の姿は純朴で切ない。深刻な瞬間にもウォンシ

クおじさんは村に置いてきた豚を心配し、スンドクの母親は持ってきた
ジャガイモを住民たちと分けて食べながら、スンドクとマンチョルの恋
愛話を交わす。

　第二に、祭祀で神廟は「魂が宿るところ」を意味する。銃を持った軍
人が野原で荷物を持った少女のスンドクに銃を向けるが、結局撃つこと
ができない間にスンドクは逃げる。住民たちはジャガイモを分けて食べ、
ウォンシクおじさんは村に降りて豚のご飯をあげてくるという。上司が
お湯に入浴している間に、住民は山のあちこちに逃げる。青年たちはス
ンドクを引っ張っていく軍人を目撃して追いかける。ドンスがペク上等
兵にパク・サンドク一等兵にご飯をあげても良いかと尋ねるとそんな時
間に「暴徒」を捕まえろと殴る。「あの女も暴徒ですか？」というパク
一等兵の問いに上司は「アカ」と答えながらスンドクを強姦し、ジョン
ギルはその横から水を渡す。鉄帽をかぶって罰を受ける20歳の青年た
ちは、女性を撃つことができなかったことを後悔するが、それでも生き
た方が良いだろうと思い込む。軍人たちは自ら暴徒の真偽とは関係なく、
命令だから参加しているだけだと話す。ドンスに脱走を提案したパク・
サンドク一等兵は「暴徒」の銃で撃たれて死ぬ。村まで降りてきた青年
たちと軍人たちの間で銃撃が始まり、上等兵は銃に撃たれて死に、マン
チョルは捕まっていたスンドクの苦しみを理解し殺す。その後、軍人た
ちは村に火をつけ民間人を殺戮する。

　第三に、祭祀で飲福は「魂（幽霊）が残した食べ物を分けて食べるこ
と」を意味する。住民たちは軍人に出くわす寸前に穴に隠れるが、その
時サンピョが家族を生かすため、自慢する「馬脚」で軍人たちを誘引す
る。劇的に洞窟に逃れた家族は、むしろ負傷した軍人の世話をする。軍
人を殺せというマンチョルにスンドクの行方を尋ねるが、彼は知らない
ふりをする。村の人たちは豚を見に村に行ったウォンシクおじさんを心
配しながら漢拏山に向かおうとする。討伐隊と武装隊の間で生き残ろう
と努力する住民たちの話は続く。家に母親を置いてきて心配だったムド
ンは村に降りるが、ムドンの母親は「アカ」に母親を失った軍人によっ

て殺害された後だった。殺された老人の手にはジャガイモが握られている。燃えてしまった家に帰ったムドンは母親の遺体を発見し、号泣しながら悲しみの中でお辞儀をする。母親の遺体のそばで焼けたジャガイモを見つけたムドンは、洞窟から出て夜風に当たる。帰ってきたムドンはそのジャガイモを住民たちに配るが、母親の死を人々に知らせはしない。

　第四に、祭祀で焼紙は「神位を燃やして捧げる念願」を意味する。軍人たちはサンピョを利用して洞窟に隠れている住民たちを探して残酷な虐殺を行う。銃を前面に出した軍人の討伐と辛い唐辛子を燃やす住民の抵抗が対比を成し、煙が立ち込める洞窟で「アカ」殺戮は続く。軍人たちは「死じまえネズミども」と叫びながら煙の向こうに銃を乱射するが、住民たちは他の出口に脱出して避難する。一方、チョンギルは上司を釜に閉じ込めて茹で殺しながら、「もう殺すのはやめましょうよ。さようなら、兄さん」とつぶやく。銃声と共に洞窟の中に赤ちゃんの泣き声だけが広がり、倒れている亡者たちのそばで 神位が燃える。そして映画の最後に次の字幕が上がる。

　　「当時、済州島北西部の中山間に位置した『큰 넓궤（クンノルケ）』という洞窟はは討伐から避難してきた近隣の村の住民たちおよそ 120 人が 50 ～ 60 日間隠れて過ごしたところだ。しかし討伐隊に見つかれ、歩哨をしていた村の青年たちの助けで脱出し危機は免れたが、結局漢拏山付近で捕まってしまう。彼らのほとんどは 1948 年 12 月 24 日、西帰浦市正房瀑布（正房滝）で銃殺され海に捨てられた。四・三当時虐殺された済州島民は 3 万人以上と推算されている。彼らの大半は国家権力によって不当に虐殺された民間人だった。大量虐殺は米軍政（1945~1948）から始まり、大韓民国政府樹立後まで 1 年に近い「焦土化作戦」の時期に発生した。民間人虐殺の背後には米軍政と米軍部顧問がいて、彼らは長い年月が経った現在もこの虐殺には依然として沈黙している[39]」

第 8 章

　映画は済州島四・三事件を「タブーと沈黙」（taboo and silence）の領域から「正義と証言」（justice and witness）の領域に転換する昇華の過程を見せてくれる。初めて済州島四・三事件を映画にして配布する過程では政府の調査と弾圧があったが、今は宗教的想像力が添えられ苦痛の記憶を追慕と慰霊の問題に結び付け大衆と共有し「治癒と和解」（healing and reconciliation）の段階まで進んでいる。[40]

　「悔しくて、ある時は私が少しだけでも教育と言うのを受けていたら、本でも書きたい。生きてきた歴史を誰も知らないんだ。正しいことを言う人はシンチョンでもみんな死んでしまうから、誰も知らないんだよ。あの時あの時代の出来事について正しいことを言ってくれる人がいないんだ、町に。(中略)何で四・三事件が起きたのかも知らない。ただ適当に言うだけだよ。今、そういう人たちだけが証言してるんだよ。その時の人たちはみんな死んでしまって話す人もいない。私たちも実際に苦痛を経験したことだけを考えているんだ。その時、本当に苦しんでいた人には分かるけど、家に憂患がない人には分からないんだ。[41]」

　多くの犠牲者と遺族が証言すら残せなかったが、生存者たちは口述を通じて当時の苦痛と犠牲を残した。映画の人物たちはこのような口述資料を土台に済州島共同体の痛みと傷を映画の製作と流布を通じて証言し治癒する。

結論：
「紛争と苦痛」の記憶から「和解と平和」の文化へ

　宗教は崇高な理想を持って平和と和解、そして容赦と共生のメッセージを伝える。　しかし、現実の中で宗教は分裂と葛藤の原因となり、甚

だしくは生命と財産を奪う残酷な暴力性を表している。済州島四・三事件 76 周忌をむかえる 2024 年、真実究明と名誉回復は政府の公的認定と経済支援によって和解と平和の土台が作られた。しかし、政治と宗教の領域では依然として大きな解釈の違いがあり、葛藤と紛争の余地が残っている。例えば、西北青年会（西北青年団）の事例で確認できるように、プロテスタントの反共主義は一時済州島民を「悪魔化」し、民間人に対する大量破壊を「正当化」した経験がある。日本による長い植民地時代で解放を迎えた喜びを満喫する暇もなく、済州島民は新たな悪夢を経験しなければならなかった。調査報告書に書かれた莫大な被害の規模はもちろん、不条理な事後処理の歴史から見ても分かるよう、住民たちはは助けと分かち合いを実践する宗教共同体の活動が切実だった状況であった。しかし宗教は「治癒と許し」（healing and forgiveness）の役割をまともに果たせず、済州島四・三事件狂気に捕らわれた公権力によって行われた民間人虐殺の悲劇的事例となった。

　そのような苦痛の経験と紛争の記憶に対する容赦と和解、そして平和の努力は全方位的に行われているが、弱者に向けた社会的責任を持った宗教の活動可能性は依然として存在する。21 世紀を生きていく私たちは、このような歴史的暴力の傷痕を治癒するための宗教の社会的責任と役割をどのように提示できるだろうか？　2007 年済州島にオルレ道ブームが起き、2012 年 6 月済州島キリスト教巡礼道第 1 コースを始めとする 78km5 コースのキリスト教巡礼道が作られた。純宗の道は殉教の道・使命の道・和解の道・恩恵の道に拡大され、イ・ギブン宣教師と李道宗牧師およびチョ・ナムス牧師の活動を覚える空間に集中された。特に、死後功徳碑まで建てられたチョ・ナムス牧師は「和解者」として大きな役割を果たしたと評価されている。左翼の葛藤で人々が命を落としてしまう状況の中、「刺繍を勧める講演」を通じて住民の命を奇跡的に救ったからである。[41]

　21 世紀、多文化と多宗教の社会では隣人の宗教を「他者」や「異端」に追い込むより、理解と対話を通じた共存と共生の社会を作ろうと努力

第 8 章

しなければならない。済州島四・三事件の歴史と意味に対し創造的に（再）
解釈した芸術、映画、観光などの文化コンテンツを積極的に活用した多
様な機会が持続的に提供されれば、地域間・世代間・理念間・宗教間の
誤解と葛藤の差も狭めることができるだろう。韓国社会における宗教の
肯定的な貢献とともに、隠された否定的な過ちに対する研究と評価も客
観的かつ体系的かつ共感的に行われなければならない。[43]

163

注記

1 この文はアン・シン、「済州島四・三事件と宗教、そして平和」、「平和と宗教」14(2022)、pp.123-142.（韓国語）の一部を新しく修正し補完したものである。

2 アラステア・ボネット、『場所の再発見』、パク・チュンソ訳（ソウル：読書水曜日、2015）、pp.39-40。（韓国語）

3 ソ・ジュンソク、「歴史の前に立つ済州島四・三」、『済州島四・三70年：闇から光へ』（済州：済州4・3平和財団、2017）、p.57。（韓国語）

4 チェジュ4・3研究所編、『陰の中の4・3：サ。『人生と記憶』（ソウル：ソンイン、2009）、p.47。（韓国語）　1942年生まれのカン・ヤンジャさんは4・3事件で母方の祖父、母方の祖母、母方の叔父の犠牲を経験し、丘から落ちて負傷した。家族全員は4・3犠牲者と認定されたが、本人は負傷事実確認のための根拠不足で「犠牲者(後遺障害者)不認定」を通報された。

5 パク・チャンゴン、「済州島最初の牧師で殉教者イ・ドジョン」、「キリスト新聞」、2019年12月12日。（韓国語）　イ・ドジョン牧師はチェジュ出身初の牧師として105人事件で済州島に流刑された南江イ・スンフン長老を通じてキリスト教に接し、金星教会に出席した。済州島の宣教師のイ・ギブン牧師が青年イ・ドジョンを平壌崇実学校に通えるよう紹介したことで、1926年平壌神学校を卒業した後に牧会者の使役を始めた。全北老会から牧師按手を受けて1929年済州島に帰還し、西帰浦教会、法還教会、南原教会、高山教会、龍水教会、助手教会、和順教会などを開拓した。日帝強占期には最後の老会長としてチェジュ老会の神社参拝を決議した後沈滞を経験し、日帝のチェジュ教会と牧会者に対する紹介令で帰農生活をした。解放後にチョ・ナムス牧師の勧誘により復帰し、24箇所の教会を管理した。1948年4月3日、大規模民衆蜂起が起き、大規模虐殺が行われ、6月13日、翰京面古山里の自宅から自転車で 西帰浦和順教会など南部教会に向かう途中、大静邑武陵2里の仁香洞付近、高林橋地域で人民武装隊に拉致殺害された。

6 イ・デウン、「チェジュ4・3事件の真実を扱ったドキュメンタリー公開、」「クリスチャントゥデイ」、2022.9.16。（韓国語）

7 イ・デウン、「ドキュメンタリー『済州島出身最初の牧師イ・ドジョン』公開」、『クリスチャントゥデイ』、2021.10.29。（韓国語）

8 ソ・ジュンソク、「歴史の前に立つ済州島四・三」、pp.70-77。（韓国語）

9 キム・ソンジン「ユン・ジョンブ、『四・三完全解決』に向かうには…」『チェジュの声』、2022.7.27。（韓国語）

10 ヤン・ジョフン、「真相調査報告書歪曲事件」、『済州島四・三70年：闇から光へ』（済州：済州島四・三平和財団、2017）、pp.661-674。（韓国語）

第 8 章

11　国防部軍事編纂研究所、『6.25 戦争史 1- 戦争の背景と原因』修正版（2004）、p.450。（韓国語）

12　ソ・ジュンソク、「歴史の前に立つ済州島四・三」、pp.59-63。（韓国語）

13　ソ・ジュンソク、「歴史の前に立つ済州島四・三」、pp. 63-66。（韓国語）

14　ソ・ジュンソク、「歴史の前に立つ済州島四・三」、pp.67-70。（韓国語）

15　イ・スンロク、「約束を守った尹錫悦当選者『済州島四・三痛みの治癒は大韓民国の役割』『済州の声』、2022.4・3。（韓国語）

16　キム・ソンジン「ユン・ジョンブ、『4.4 完全解決』に向かうには…」『済州の声』、2022.7.27。（韓国語）

17　コ・ウォンサン、「やっと恨みが晴れた」…済州島四・三補償金通知書伝達開始、『メディアチェジュ』。2022.11.2。（韓国語）

18　ヴァ・ドンチョル、「4・3 犠牲者 300 人の国家補償金の初支給決定『74 年ぶりに解決した』」、『済州日報』、2022.10.26。（韓国語）

19　チョ・ハジュン、「ユン、今年も 4.3 事件追悼式不参加」、「GMCC」、2024.4.2。（韓国語）

20　カン・ドング、「米軍政の宗教政策」、『宗教学研究』12(1993)、pp.17-26。（韓国語）

21　チャン・ゲファン、「韓国キリスト教総連合会を告発する」、『時事 Times』、2019.12.31。（韓国語）

22　済州四・三研究所編、『陰の中の 4・3：死・人生と記憶』（ソウル：仙人、2009）、pp.65-66。（韓国語）　1916 年生まれのコ・ソンファ先生は朝鮮工産団のウド責任者として活動し、米軍政の弾圧で釜山で南労党活動で無期懲役を宣告され、非転向長期囚として 21 年を服役した。

23　チェジュ 4・3 平和財団ホームページ https：//www.jeju43peace.or.kr/（韓国語）を参照。

24　チョン・ジンギョン、「ハン・ギョンジク牧師と宣教」、チョ・ウンシク編、『ハン・ギョンジク牧師の信仰遺産』（ソウル：崇実大学校出版部、2007）、pp.99-100。（韓国語）　ハン牧師は西北青年会を通じて共産主義を防ぎプロテスタントを拡散した。

25　イ・ビョンチョル、「済州島四・三事件西北青年団蛮行は宗教弾圧の性格」『BBS NEWS』、2022.4.14。（韓国語）

26　イ・ジス、「四・三事件鎮圧した西北青年団四・三事件で『突撃隊の役割』」、『ベリタス』、2018．4・3。（韓国語）

27　イ・ビョンチョル、「イ・ジョンフン牧師。4・3 当時、家の十字架と聖書はお守りの役割……西北青年団、反共精神の盲目性」、『BBS NEWS』、2022.3.31。（韓国語）

28　イ・ビョンチョル、「イ・ジョンフン牧師。4・3 当時、家の十字架と聖書

はお守りの役割……西北青年団、反共精神の盲目性、」(韓国語)

29　イ・ビョンチョル、「イ・ジョンフン牧師。4・3当時、家の十字架と聖書
　　はお守りの役割……西北青年団、反共精神の盲目性、」(韓国語)

30　イ・ジョンソン、「韓国教会と神学に与えた影響」、チョ・ウンシク編、『ハ
　　ン・ギョンジン牧師の信仰遺産』(ソウル：崇実大学校出版部、2007)、
　　pp.28-29。(韓国語)

31　イ・ビョンチョル、「ヤン・ジョンシム室長『西北青年団の北朝鮮政権に怒
　　り、チェジュ島民に悪行で八つ当たり』」『BBS NEWS』、2022.4.12。(韓国語)

32　ミン・イルソン、「ビョン・サンウク『済州四・三西北青年団、宣教師綱渡
　　り米軍政に採用』」、『GO発ニュース』、2018.4・3。(韓国語)

33　イム・ヘジ、「虐殺、拷問、検挙…… 西北青年団の蛮行は『信仰』が支えて
　　くれた」、『天地日報』、2022.4.1。(韓国語)

34　イム・ヘジ、「虐殺、拷問、検挙…… 西北青年団の蛮行は『信仰』が支えて
　　くれた」(韓国語)

35　キム・ジョンミン、『四・三の受難時代』、『済州四・三　70年：闇から光
　　へ』(済州：済州四・三平和財団、2017)、pp.894-901。(韓国語)

36　「ホットポテト」、『文鶴の木』2013秋号。(韓国語)

37　映画『ジスル』は「終わらない歳月Ⅱ」を副題としており、2005年キム・
　　ギョンリュル監督(1965-2005)の長編映画『終わらない歳月』からインスピ
　　レーションを受けて製作された。

38　チェジュ4・3研究所編、『陰の中の4・3：死・人生と記憶』、p.115。(韓国語)
　　1933年生まれのキム・ミョンウォン氏は4・3事件で両親と妹を失い、両親
　　の遺体は見つけることもできなかった。

39　映画『ジスル』の最後の字幕は、映画の歴史的背景と政治的脈絡を説明す
　　る。

40　チ・ヨンイム、「済州四・三関連慰霊儀礼の変化と宗教的意味」、『宗教研究』
　　48(2007)、pp.327-357。(韓国語)　4・3慰霊儀礼の変化様相は「互いに暴力
　　の行為者の立場で暴力を正当化する構造」を見せる。

41　チェジュ4・3研究所編、『陰の中の4・3：死・人生と記憶』、pp.94-95。(韓
　　国語)　1940年生まれのキム・ナンギュさんは4・3事件当時、警察の監視
　　と暴力で祖父母、両親、弟を失った。

42　パク・チャンゴン、「4・3事件とチョ・ナムス牧師功徳碑」、『キリスト新
　　聞』、2019.12.18。(韓国語)

43　カン・ソンホ、「韓国キリスト教の黒歴史」(ソウル：建てる、2016); キム・
　　ギョンジェ他、『無礼な福音』(ソウル：散歩者、2008)(韓国語)

翻訳／李瑞玄(イ・ソヒョン)

あとがき

宗教と平和の相互循環のために

　宗教に対する誤解が少なくない。平和についてもそうである。宗教は超自然的実在（神）を信じ、それに依存する行為という考えが支配的である。平和は、何も起こらない穏やかな状態、あるいは戦争のような物理的な戦いが終わった状態と理解したりする。そのため、超自然的な神というものが存在するのかという批判も起こり、'宗教は戦争の中断のような平和とどのような関係があるのか' と論争をすることもある。

　しかし、本書の論文によく示されているように、宗教は何も起こらないことを願いつつ、個人の内的な安らかさを追求する行為であるだけではなく、そのような人々の集まりを意味するだけにとどまらない。平和は何もない静かな状態だけを意味するものではない。平和は複雑に絡み合っている世の中で、思いがけず経験するあらゆる葛藤と傷と各種の暴力を減らしていく過程である。個人の内的な安寧と社会、国家、世界の平和は、相互循環的であり、個人と国家と世界の平和こそ宗教の具体的使命に違いない。

　もちろん、制度化された宗教に問題がないわけではない。しかし、宗教ほど有機的な共同体を維持しつつも、世界を変えられる可能性が高い集団も、ほとんど見当たらない。宗教には個人と集団の両方を通じて世界の平和に寄与する可能性は依然として存在しており、実際にその可能性を実現できなければならないというのがこの本の主な内容である。

序文でもよく要約して紹介しているが、より重視すべき観点は宗教と平和の関係である。この関係は第1章のタイトルである「平和が宗教だ」という、一種の宣言的命題に集約的にあらわれる。「宗教者が平和を実践するのではなく、平和を実践する者が宗教者だ」あるいは「宗教が暴力を減らすのではない。暴力を減らす行為が宗教だ」という逆転的定義が平和の現実をよりよく示している。一方では恐ろしいほどの目に見えるような形で、他方では構造的で文化的に隠然と作動する暴力的現実において、その暴力による傷を治癒し、自分の立場のみを前面に出すことによって生じる相互葛藤を縮小していく行為が、真に「宗教的」実践であるということである。

　第6章で北島義信が紹介する緒方正人及び第7章で尾畑文正の論文で紹介される高木顕明の場合はその代表的な事例である。浄土真宗地帯に育った緒方は、日本窒素肥料株式会社の水俣工場から海に流された有機水銀によって生じた、いわゆる水俣病の原因提供者を一方的に批判することにとどまらず、企業、中央政府、自治団体、さらには工場の拡張によって地域の発展効果を密かに享受していた住民を含め、多くの人がこの暴力的な環境問題を直視し反省しようという運動を行い、所期の成果を収めた。それが衆生を救済しようとする阿弥陀仏の本願を具体化することだと信じたためである。私たちのテーマと関連して重要な点は、信仰が平和に導いたことでもあるが、何より皆の責任を認める方式で加害者の責任も問い、具体的な平和をもたらしたということである。それが真の「宗教的」実践であったというのがこの論文の要旨である。

　仏教社会主義的な高木顕明の場合は、それに劣らず印象的である。侵略的帝国主義に走った明治時代に、高木は国家に対する反逆を図ったという、いわゆる「大逆罪」の濡れ衣を着せられ逮捕され、死刑宣告を受けて収監された。そして刑務所の中で自ら命を絶った。浄土真宗の僧侶であり、一途な仏教社会主義的な彼は、部落民差別禁止、公娼制廃止、戦争反対などの先頭に立った。彼が逮捕された後、教団から彼を追放するに至るほども宗教と国家が一体化した過酷な時代だった。しかし、彼

168

の反戦および非暴力運動が正しかったし、彼を追い出した教団と国家は間違っていたというのが、歴史の下した評価である。教団の承認の可否が真実を判断する基準になるのではなく、彼の信仰の根幹だった非差別的衆生救済への実践が、それ自体で平和の道だったのである。緒方も高木も暴力的な構造を暴露し、傷と葛藤を減らしていく実践自体が宗教的で、それゆえ、より平和的だという事実をよく示す事例である。

　もちろん平和は傷と葛藤のような否定的価値を縮小する過程であり、同時に公平と調和のような肯定的な価値を拡張させる過程でもある。孫端廷（ソン・ソジョン）は第2章で平和を生命、正義、愛の価値が人間の実存の中に調和して統合され持続的に経験される過程、つまり「生を生かす過程」と規定する。個人と共同体、そして地球と生態系、宇宙的次元の生命を合わせて「愛を抱いた正義を実現し、互いの生を生かす均衡的な関係結びの過程」が平和だということである。つまり「生を生かす平和」でなければならないということである。

　このような価値を拡張するためには、教育の力を借りなければならない。車承柱（チャ・スンジュ）は第4章において、宗教が伝承してきた深層的メッセージが韓半島（朝鮮半島）で平和文化を振興させるのに少なからぬ洞察を提供してくれるとし、儒教と道家思想、仏教とキリスト教の平和論を整理する。そして宗教界が傾けてきた実質的な平和運動の事例として、フィリピンのミンダナオでのカトリックとイスラムとの対話運動、韓国カトリックと仏教での統一と平和運動を事例として挙げる。それとともに正義と愛、許しと和解、対話と連帯というメッセージに基づき、宗教界が平和教育の主体になってくれることを要請する。

　安信（アン・シン）は、第8章で済州島四・三事件の全般を扱う。この事件は、「大日本帝国」からの解放という政治的局面において、社会主義勢力と保守右翼勢力間の理念の葛藤が3万人に近い罪のない済州島民の殺傷にまでつながった近代韓国の悲劇的事件である。当時、極端な反共主義プロテスタントが済州島民を南朝鮮労働党勢力と結びつけ、罪のない人命を殺傷し正当化したことに、宗教的暴力性の事例を見る。そ

れと同時にこれを、弱者に向けた社会的責任を信仰の領域として受け入れ、実践している宗教者の場合と対比させながら、宗教が平和に寄与できる可能性を結論として提示する。

　もちろん、世界各地で依然として物理的暴力が発生しており、多様な様相を呈している。梁権錫（ヤン・グォンソク）が第5章で整理しているように、例えば随所で「ファシズム的」傾向さえ確認できる。梁権錫によれば、韓半島を含む世界各地で希望的で肯定的な共通基盤が何もなく、資本主義はナルシズム的に展開されており、政治に対する不信と民主主義の危機が「コインの両面」のように大きくなっており、資本が軍事主義化し、冷戦が新たに激化する様相を見せている。このような雰囲気の中で、宗教がファシズムの勃興の動力になったりもするというのである。例えば、米国で極右政治と福音主義キリスト教が結合し、韓国でも親米主義と反共主義を核心とする極右的政治がキリスト教と結合しているのが代表的な事例である。それにもかかわらず、希望がないわけではない。この論文では「怒りと敵意の連帯を作るのに寄与した教理と信条と伝統と慣習、そして神学と霊性をより徹底的に反省することが必ず必要である」とし、次のように述べる。この本書の結論的提言といっても良い提言である：「今は宗教が持っている正義と平和に向けたすべての精神的な資産を一つに集めて危機と会わなければならない時」とし、「宗教には、危機を絶望と終末の時として受け入れるのではなく、新しい秩序を生み出す瞬間へと変化させる大切な霊的な知恵と資源」がある。「このような資源が大衆と出会って平和のための希望の連帯を作る道を探すため、全力を尽くさなければならない時である。」

　このような主張は、寺林脩が第3章で世界の著名な社会学者を中心に世俗化現象を再解釈し、宗教が今日の現実でも公共性と世界市民主義（コスモポリタニズム）に寄与する可能性があるということと通じる。寺林は次のように言う：「大文字の宗教ではなく小文字の宗教。制度や組織の宗教ではなく、個々人の信仰心による宗教。つまり宗教の本来の姿を取り戻すことこそ、宗教が世界平和に貢献できる可能性を秘めている。非

あとがき

常に難しい状況だが、危機意識があればそれは希望」でもあるということである。

「序文」ですでにこの本の要旨と意味を整理したが、「あとがき」を借りてもう一度この本の主要な内容を再確認してみた。

「アジア宗教平和学会」は以上述べたような希望を堅持しつつ、宗教が平和構築の動力になるようにするための多様な研究者の連帯グループである。そこには、宗教の普遍的で平和的な理想を社会、国家、人類の秩序に合わせて適用させるための学問的試みにやりがいを感じる人々が多数集まっている。この単行本もその努力の結実である。この本は会員の皆さんの苦労によって完成したものである。学会長である北島義信先生の情熱と献身がなかったら、この学会は発足もできなかっただろうし、この本も出ることができなかっただろう。深く感謝を申し上げる。そして、大変な校正と編集を担当してくださった金丘先生、日本語を韓国語に、韓国語を日本語に翻訳するために努力してくださった李瑞玄、李吉珠、神山美奈子先生、韓国人が書いた日本語の校正をしてくださった西岡雅之先生に感謝申し上げる。貴重な学会の先・後輩同志研究者、そして常に良書を出版してくださる社会評論社、宗教と平和運動の文化的拡散に寄与する図書出版モシヌンサラムドゥルに深く感謝を申し上げる。

（アジア宗教平和学会副会長　李賛洙）

171

アジア宗教平和学会創立学術会議
(2023 年 11 月 16 日　真宗高田派月光山正泉寺本堂にて)
写真提供：チャン・ジョンテ氏

平和構築の原動力としての宗教

アジアの社会政治背景を中心に

2024 年 8 月 31 日初版第 1 刷発行

編　者／アジア宗教平和学会

著　者／北島義信　李賛洙　孫瑞廷　寺林脩
　　　　車承柱　梁権錫　尾畑文正　安信

発行者／松田健二

発行所／株式会社 社会評論社

〒 113–0033　東京都文京区本郷 2-3-10　お茶の水ビル

電話　03（3814）3861　FAX　03（3818）2808

印刷製本／倉敷印刷株式会社

感想・ご意見お寄せ下さい　book@shahyo.com

JPCA 本書は日本出版著作権協会（JPCA）が委託管理する著作物です。
日本出版著作権協会 複写（コピー）・複製、その他著作物の利用については、事前に
http://www.jpca.jp.net/ 日本出版著作権協会（電話03-3812-9424、info@jpca.jp.net ）
の許諾を得てください。

北島義信 著

宗教と社会変革

土着的近代と非暴力・平和共生世界の構築

いくつかの地域の事例を通じて、「土着的近代」を考える材料を提供し、従来の「資本主義 vs 社会主義」という枠組みだけでは捉えることができなかった、平和構築の主体者としての人間の意識化・主体化・連帯の新たな視点を提起する。

第1章　アリー・シャリーアティーにおける宗教と社会変革

第2章　南アフリカのアパルトヘイト撤廃運動における宗教の役割

第3章　南アフリカにおけるキリスト教徒と社会主義者の連携

第4章　日本の「近代」国民国家形成期における宗教と社会変革

第5章　韓国における東学運動と社会変革

第6章　戦後日本における仏教と社会変革

終　章　土着的近代と非暴力的・平和的共生世界の構築

寄　稿　「土着的近代」で再び繋がる東アジア　趙 晟 桓

四六判 248 頁　本体 2200 円＋税

宋 寛 著

世界遺産 韓国の山寺

テンプルステイで知る日本仏教との違い

世界遺産に登録されている海印寺、仏国寺ほか９寺や、特色ある山寺を歩いた紀行文。「悟りとはなにか」といった難しい議論はさておいて、テンプルステイめぐりを重ねるうちに、「清掃は己の心を磨く」「合掌しながら感謝する」といった初歩的な心もちを素直にあらわすようになった気持ちから綴る。

第１章　世界遺産Ⅰ　２０１８年に指定された７寺院

霊鷲山　通度寺（慶尚南道梁山市）＊大雄殿の本尊は窓外の「金剛戒壇」

太白山　浮石寺（慶尚北道栄州市）＊義相が広めた華厳十刹の拠点

天灯山　鳳停寺（慶尚北道安東市）＊立原正秋『冬のかたみに』の舞台

俗離山　法住寺（忠清北道報恩郡）＊仏法が住する「聖地」の世界

泰華山　麻谷寺（忠清南道公州市）＊雲水・金九がひそんだ「白凡堂」

曹渓山　仙岩寺（全羅南道順天市）＊太古宗唯一の叢林　総合修行道場

頭輪山　大興寺（全羅南道海南郡）＊国難を救った西山大師を奉安

第２章　世界遺産Ⅱ　韓国人の精神的支柱

伽倻山　海印寺（慶尚南道陜川郡）＊護国仏教のシンボル「八万大蔵経」

吐含山　仏国寺（慶尚北道慶州市）＊慶州に根付かせた新羅仏教

第３章　特徴のある「９寺院」

大韓仏教曹渓宗の総本山　曹渓寺（ソウル市鍾路区）＊ビルの谷間にこころの「オアシス」

曹渓山　松広寺（全羅南道順天市）＊「僧宝」で知られる三宝寺院

智異山　華厳寺（全羅南道求礼郡）＊「大華厳」のメッカ　荘厳たる覚皇殿

母岳山　金山寺（全羅北道金堤市）＊三階法堂「弥勒殿」に圧倒され

五峰山　洛山寺（江原道襄陽郡）＊霊験あらたかな「三大観音」

雪岳山　新興寺（江原道束草市）＊雄大な自然美の中に祈りの空間

徳崇山　修徳寺（忠清南道礼山郡）＊唯一現存する百済様式の寺院

金井山　梵魚寺（釜山広域市金井区）＊韓国文化に関心高い外国人に人気

八公山　桐華寺（大邱広域市東区）＊境内のいたるところに鳳凰信仰

四六判 144 頁　本体 1400 円＋税